NAD

Edição de estudos 3

Nosso Andar Diário

PUBLICAÇÕES RBC

ESCRITORES:
Poh Fang Chia, Winn Collier, Tom Felten, Regina Franklin, Kevin Gregory, Tim Gustafson, Alyson Kieda, Dean Ohlman, Jeff Olson, Roxanne Robbins, Jennifer Benson Schuldt, K. T. Sim, Sheridan Voysey, Marvin Williams, Mike Wittmer

TRADUTORES:
Elisa T. Castro, Eduardo Cordeiro, Dayse M. V. Fontoura, Elizabeth Hecke, Haroldo Janzen

EDITORES:
Tom Felten, Clair Hess, Cindy Kasper, Alyson Kieda, Rita Rosário

REVISORES EDITORIAIS:
Bill Crowder, Kevin Gregory, K. T. Sim

PROJETO GRÁFICO:
Audrey Novac Ribeiro

DIAGRAMAÇÃO:
Priscila Santos

FOTO DA CAPA:
Pedalando no deserto, Alex Soh © Ministérios RBC

CRÉDITOS:
Exceto se indicado o contrário, as citações bíblicas são extraídas daNova Tradução na Linguagem de Hoje © 2000 Sociedade Bíblica do Brasil.

Publicações RBC
Rua Nicarágua, 2128, Bacacheri, 82515-260, Curitiba/PR, Brasil
E-mail: vendas_brasil@rbc.org
Internet: www.publicacoesrbc.com.br • www.ministeriosrbc.org
Telefone: (41) 3257-4028

Código: FQ179
ISBN: 978-1-60485-954-6

Impresso no Brasil • Printed in Brazil

1ª edição: 2014 • 1ª impressão: 2014

Sabe-se que o tempo de culto não é suficiente para que as pessoas aprofundem seus relacionamentos interpessoais — necessário para desenvolver comunhão uns com outros. Para que ocorra o crescimento espiritual, emocional e pessoal de cada participante, é necessário investir tempo, planejamento e compromisso.

Os grupos pequenos ou grupos de estudos geram um ambiente propício para a edificação e cuidado mútuo, além do desenvolvimento de relacionamentos significativos e frequentes. Quando estas características estão presentes nos encontros, as pessoas sentem prazer em participar e voltar semana após semana, pois, na prática este é um grupo que compartilha amor e serviço uns com os outros; lugar em que se pratica os ensinos bíblicos.

Some-se a isto, conteúdos que valorizam e contribuem com esta visão. Pensando nisto, apresentamos o devocional NAD — *Nosso Andar Diário* — no formato de quatro volumes, como opção para estudos em grupos pequenos ou grupos de estudos. Este visa fortalecer e edificar as pessoas pela Palavra de Deus, como também encorajá-las pelas experiências de outros.

—Os editores do *Nosso Andar Diário*

Dicas de como aproveitar melhor este conteúdo em grupos pequenos ou grupos de estudos.

Este devocional vai acompanhá-lo numa jornada diária de três meses, utilizando-se de duas grandes ferramentas: a oração e a Bíblia Sagrada. Contém três seções que podem ser trabalhados da seguinte maneira:

> **LEIA:** Comece pela leitura bíblica indicada, ela embasa a meditação do dia.
>
> **EXAMINE:** Utilize esta sessão para sua reflexão pessoal e em grupo.
>
> **CONSIDERE:** Utilize as perguntas para provocar debates entre o grupo.

Esta proposta é simples e pode ser adaptada ao roteiro que é seguido nas reuniões de grupos pequenos ou grupos de estudos.

Como são meditações diárias, o devocional para discussão em grupo deve ser o referente a data do encontro, assim todos os integrantes estarão sintonizados no mesmo assunto. No entanto, sugerimos que o grupo separe um momento para os participantes compartilharem sobre outra meditação que tocou ao seu coração durante a semana relatando uma aplicação pessoal.

Ao término dos estudos deste fascículo com o seu grupo, por favor, envie-nos o seu depoimento e sugestões via *email* brasil@rbc.org, para podermos melhorar a estrutura dessa ferramenta.

delator!

Um delator é alguém que espontaneamente entrega informações sobre um amigo ou conhecido. Devido a isso, frequentemente pessoas são presas, despejadas ou mesmo mortas. Um delator é considerado uma das pessoas mais baixas na escala social da vizinhança. As pessoas têm muita dificuldade em perdoar um delator.

João incentivou os cristãos a delatar a *si próprios*. Pois quando o fizessem, Deus os perdoaria. O apóstolo escreveu uma poderosa carta a um grupo de cristãos que era atormentados por diversos grupos de falsos mestres (1 João). Um dos grupos dizia que tinham comunhão com Deus e que não pecavam. João contestou essa teologia incorreta ao ressaltar a natureza santa e perfeita de Deus — Deus é luz. Se eles diziam ter comunhão com Deus, que é luz, mas continuavam a andar nas trevas, João disse que eram mentirosos e enganavam a si mesmos. Temendo que os cristãos recém-convertidos fossem influenciados por estes falsos mestres, João os incentivou a confessar seus pecados — delatar-se a si mesmos — mediante uma confissão genuína, e Deus perdoaria os seus pecados. Ele os perdoaria e os purificaria de toda injustiça. João deixa claro que o pecado persistente, não confessado e sem arrependimento é a marca de alguém que não conhece a Deus genuinamente.

Um dos indícios de que temos verdadeira comunhão com Deus é quando confessamos nossos pecados a Ele de forma consistente. De acordo com Salomão, a verdadeira piedade e temor a Deus implicam em reconhecer que nosso pecado é contra um Deus santo. Por isso, devemos confessar e deixá-lo, em vez de encobri-lo e permitir que nosso coração endureça. Quando confessamos e deixamos nossos pecados a Deus, alcançamos Sua misericórdia (Provérbios 28:13).

Portanto, vale a pena delatar a nós mesmos! —Marvin Williams

leia>

1 João 1:5-10

Mas, se confessarmos os nossos pecados a Deus, ele cumprirá a sua promessa e fará o que é correto: ele perdoará os nossos pecados e nos limpará de toda maldade (v.9).

examine>

Leia o livro de Salmos 32:1-5; 51 para observar como Davi lidou com o pecado dele diante de Deus.

considere>

Você tem o hábito da confissão espiritual? Baseado no livro de Salmos 32; 51, quais são os aspectos importantes e os resultados imediatos da confissão?

aplicação pessoal>

dia após dia

Em 31 de março de 1979, Jamie Livingston tirou a primeira foto com sua câmera fotográfica *Polaroid*, e continuou tirando pelo menos uma por dia até o dia de sua morte, em 25 de outubro de 1997. Há fotos de amigos e momentos singulares da vida dele. Ao observarmos estas fotos, percebemos que torcia para um time de beisebol, e era cineasta. No início de 1997, as fotos revelam que ele estava com câncer. As seguintes, registram seu casamento poucas semanas antes de sua morte. As fotos descrevem a vida de um homem que desejava lembrar de cada um dos seus dias — dia após dia.

O Salmo 90, uma das orações, apresenta uma ideia semelhante. Moisés reflete sobre a mortalidade humana, sabendo que todos nós um dia vamos retornar ao pó (v.3). Ele também reconhece o cansaço da vida, ressaltando que "...a nossa vida termina como um sopro" (v.9). Livre do entusiasmo da juventude, ele deve ter orado estas palavras à medida que seus anos passavam rapidamente. A maioria de nós pode esperar viver no máximo 70 ou 80 anos e, então, de maneira muito breve, "...A vida passa logo, e nós desaparecemos" (v.10).

Isto soa um tanto melancólico. Não gostamos de pensar na brevidade da vida e na proximidade da morte. Há motivos de não gostarmos de funerárias e nos sentirmos desconfortáveis ao falar sobre a morte.

A reação de Moisés acerca destas realidades, no entanto, não era de desânimo ou medo. Ele entendia a brevidade da vida como um chamado à ação, ao viver sábio e à humildade diante de Deus e o compromisso com o Seu mundo. "Ensina-nos a contar os nossos dias", Moisés disse, "para que alcancemos coração sábio" (v.12).

Moisés desejava que Deus o ajudasse a aceitar (não ignorar) sua mortalidade humana, para que pudesse tirar o máximo de cada dia que lhe fora dado. —Winn Collier

leia>

Salmo 90:1-12

Faze com que saibamos como são poucos os dias da nossa vida para que tenhamos um coração sábio (v.12).

examine>

Leia o livro de Efésios 5:15,16. O que a sabedoria de Paulo acrescenta à nossa forma de reagir ao número limitado de dias que recebemos de Deus?

considere>

Qual é a minha reação ao fato dos meus dias serem limitados? Que oportunidade eu deveria almejar hoje se desejo aproveitar ao máximo os meus dias?

aplicação pessoal>

espiral decadente

Lori, Tyler e seu cachorro, Bandit, estavam sentados no sofá. Tyler estendeu o braço para acariciar Bandit, quando este o atacou. Surpreso, Tyler retirou sua mão. Alarmada, Lori colocou seu braço ao redor de Bandit, de forma carinhosa e consoladora.

Cesar Millan, conhecido como encantador de cães, disse a Lori: "Gosto muito de cães [...]. Mas nunca escolheria um cachorro no lugar do meu filho". Lori havia escolhido seu animal de estimação ao invés de seu próprio filho! Histórias como estas me fazem questionar o que há de errado com o nosso mundo.

No livro de Juízes 19, lemos sobre um levita anônimo. Embora os levitas fossem uma tribo sacerdotal em Israel, alguns deles estavam tão errados quanto as pessoas que deveriam orientar. Este levita e sua concubina se desentenderam, e ela voltou para a casa do pai (v.2). Após quatro meses, o homem decidiu trazê-la de volta. O levita ficou cinco dias na casa do sogro e finalmente, o casal decidiu voltar (v.10).

O que aconteceu em seguida é revoltante. Lemos a respeito dos desejos pervertidos de um grupo de homens da cidade onde o casal se alojou e do abuso sexual coletivo que resultou em morte. Como esse homem teve coragem de sacrificar uma mulher para salvar sua própria pele? E ao achá-la pela manhã convocá-la para levantar-se do chão? (vv.25-28).

Paulo explicou isso no livro de Romanos 1:28,29: "E, como não querem saber do verdadeiro conhecimento a respeito de Deus, ele entregou os seres humanos aos seus maus pensamentos, de modo que eles fazem o que não devem. Estão cheios de todo tipo de perversidade, maldade, ganância, vícios, ciúmes, crimes de morte, brigas, mentiras e malícia..."

Quer seja na época de Juízes, ou na de Paulo, ou na nossa, o pecado descontrolado pode levar a uma espiral decadente de depravação.
—Poh Fang Chia

leia>

Juízes 19

E, como não querem saber do verdadeiro conhecimento a respeito de Deus, ele entregou os seres humanos aos seus maus pensamentos, de modo que eles fazem o que não devem (Romanos 1:28).

examine>

Leia o livro de Salmo 81:11-16 e veja o que Deus disse que faria ao Seu povo se eles não se arrependessem (vv.11,12) e o que Ele desejava fazer se eles voltassem e o seguissem (vv.13-16).

considere>

Quais outros exemplos de colapso moral e espiritual — em que pessoas escolheram pecar — você pode lembrar? Com qual pecado você precisa lidar hoje?

aplicação pessoal>

ore a Deus por César

Os imperadores romanos exigiam que os cidadãos demonstrassem lealdade ajoelhando-se diante da imagem deles, tirassem um pouco de incenso e declarassem "César é Senhor". Tertuliano, escritor da igreja primitiva, não se sujeitava a isso. Ele disse ao imperador que os cristãos não orariam a ele como se fosse um deus, mas que orariam a Deus por ele. Os cristãos se tornaram apoiadores leais de César, pois buscavam a prosperidade dele no único Deus que poderia dá-la.

Tertuliano desafiou César a continuar sua perseguição. "Com nossas mãos estendidas para Deus", ele escreveu, "rasgue-nos com suas garras de ferro, pendure-nos em cruzes, envolva-nos em chamas, corte nossas cabeças com espadas, solte as feras sobre nós — a atitude de um cristão quando ora é uma preparação para qualquer tipo de castigo." *Como você pode matar alguém que está orando por você?*

E se os cristãos seguissem o exemplo de Tertuliano e a ordem de Paulo de orar "...pelos reis e por todos os outros que têm autoridade..." E se pedíssemos a Deus para conceder sabedoria e coragem a todos os seus líderes — não só aos que compartilham dos mesmos valores? Nossos concidadãos podem discordar com a nossa política, mas admitiriam que queremos que a nossa nação — não apenas os líderes com os quais concordamos — seja bem-sucedida.

É fácil tornar-se cínico acerca da corrupção e incompetência do governo. Mas, em vez de reclamar, vamos confiar em Deus e orar pelos nossos líderes!

A situação do seu país pode parecer desesperadora. Os líderes podem não crer em Jesus e errar inúmeras vezes. Mesmo assim, siga o mandamento que Deus deu aos judeus na Babilônia: "Trabalhem para o bem da cidade [...]. Orem a mim, pedindo em favor dela, pois, se ela estiver bem, vocês também estarão"(Jeremias 29:7). —Mike Wittmer.

leia>

1 Timóteo 2:1-7

...sejam feitos orações, pedidos, súplicas e ações de graças a Deus em favor de [...] reis e por todos os outros que têm autoridade, para que possamos viver uma vida calma e pacífica... (vv.1,2)

examine>

Não está convencido de como orar por seus líderes? Leia o livro de Salmo 72 para descobrir o que o rei Salomão disse que deveríamos buscar em oração.

considere>

Escreva o nome de um líder cujo caráter ou valores você desaprova. Ore por essa pessoa agora e todos os dias desta semana. Por que isto é importante?

aplicação pessoal>

importância e dignidade

Era uma noite como qualquer outra. Davi tinha a responsabilidade de pastorear o rebanho da família e levar as ovelhas a pastar em lugares ermos (Salmo 78:70,71). Depois de ter guardado o rebanho em segurança durante a noite e tendo se deitado para descansar, Davi contemplava os céus. Inspirado pela lua cheia e pelas estrelas brilhantes (8:3), ele meditava na glória de Deus e na dignidade das pessoas.

Davi ficava fascinado com a imensidão dos céus, cativado com a grandeza majestosa da criação celestial de Deus (v.3). Ele contemplou a glória do Deus Criador com as mesmas palavras introdutórias e conclusivas: "Ó SENHOR, nosso Deus, a tua grandeza é vista no mundo inteiro..." (vv.1,9).

Davi ficou perplexo e surpreso com a importância e dignidade que Deus tinha dado a ele, um mero mortal (vv.4-8). Ele perguntou: "...que é um simples ser humano para que penses nele? Que é um ser mortal para que te preocupes com ele?" (v.4).

Fica evidente o cuidado especial de Deus quando comparamos o destino de três ordens da criação de Deus — os anjos, a terra e os seres humanos. Todos os anjos maus, incluindo Satanás, estão condenados ao inferno (Mateus 25:41). E a terra será destruída e substituída por uma nova terra (2 Pedro 3:7,13). Somente pessoas serão redimidas e salvas (Hebreus 2:16), pois são muito preciosas para Deus (Salmo 8:3-5).

Davi relembrou a majestade do homem antes da queda (Salmo 8:6-8; Gênesis 1:26-31). As pessoas foram criadas "...inferior somente a [Deus]..." (Salmo 8:5). Uau! Davi então volta o seu olhar para o futuro destino da humanidade. Pessoas redimidas serão restauradas e coroadas "...de glória e de honra..." (v.5). Elas terão domínio sobre as obras de Deus (v.6). Olhe-se no espelho e perceba que Deus deu a você grande importância e dignidade. —K. T. Sim

leia>

Salmo 8

O que somos nós, para que nos dês tanta importância e te preocupes com a gente? (Jó 7:17).

examine>

De que forma o escritor aos Hebreus (2:6-10) aplica o Salmo 8 a Jesus e sua vinda em carne, à sua crucificação, ressurreição e reino dos céus?

considere>

Saia numa noite clara e leia o livro do Salmo 8 e contemple o céu. Traz-lhe algum conforto saber que Deus está pensando em você?

aplicação pessoal>

daltônico

O termo "daltônico" pode induzir ao erro, sugerindo que pessoas nesta condição podem ver o mundo só em preto e branco. Na verdade, a maior parte das pessoas daltônicas, consegue enxergar tonalidades em amarelo e azul. Somente poucas pessoas são daltônicas de todas as cores e conseguem enxergar sombras em branco, cinza e preto — vendo o mundo como uma fotografia em preto e branco.

O daltonismo pode parecer debilitante, mas a habilidade do olho para compensar essa deficiência é extraordinária. Por exemplo, pessoas daltônicas tendem a ter uma visão noturna excepcional. Elas também são mais sensíveis a contornos e curvas de nível. Durante a Segunda Guerra Mundial, alguns soldados daltônicos foram colocados em aviões espiões para identificar campos inimigos camuflados, que eram invisíveis para pessoas com uma visão normal. A Bíblia diz que nossa visão influencia a maneira de percebermos a Deus. Observe algumas causas e efeitos ópticos:

Visão Ofuscada = Desespero. "Ó Deus, estou aflito, esperando que tu me livres dos meus inimigos; eu ponho a minha esperança na tua palavra. Os meus olhos estão cansados de tanto olhar, esperando o que prometeste, e eu pergunto: Quando vens me consolar?" (Salmo 119:81,82).

Visão Limitada = Compreensão Incompleta. "O que agora vemos é como uma imagem imperfeita num espelho embaçado, mas depois veremos face a face. Agora o meu conhecimento é imperfeito, mas depois conhecerei perfeitamente, assim como sou conhecido por Deus" (1 Coríntios 13:12).

Visão Perspicaz = Conhecendo a Deus. "Desde que Deus criou o mundo, as suas qualidades invisíveis, isto é, o seu poder eterno e a sua natureza divina têm sido vistas claramente [...] e, portanto, eles não têm desculpa nenhuma" (Romanos 1:20).

Uma visão terrena comprometida oferece a você uma oportunidade de confiar e amar a Deus, apesar de nunca tê-lo visto (1 Pedro 1:8).
—Roxanne Robbins

leia>

Romanos 1:18-25

Desde que Deus criou o mundo, as suas qualidades invisíveis [...] têm sido vistas claramente. Os seres humanos podem ver tudo isso nas coisas que Deus tem feito e, portanto, eles não têm desculpa nenhuma (v.20).

examine>

Leia o livro de 2 Coríntios 5:7 para ver a diferença entre fé e visão distorcida.

considere>

Imagine a Bíblia como um telescópio em que você espreita o coração de Deus. De que forma sua visão nele influencia sua visão de todas as demais coisas?

aplicação pessoal>

respostas à oração

Duas respostas de oração. Duas *respostas* perfeitas. A primeira veio depois que muitos de nós tínhamos orado por uma menina adotada da Etiópia. Antes de ser adotada, os testes mostraram que ela era HIV positiva. Depois da adoção, no entanto, testes revelaram que não havia qualquer sinal da HIV. Isso trouxe grande alegria! A segunda resposta veio depois que o câncer de uma amiga voltou. Naquela semana, ela foi internada mais uma vez. Essa não era a resposta que esperávamos. Ela está em fase terminal. Estamos muito tristes. Ela, porém, continua alegrando-se em Deus e mostra uma fé inabalável. As duas respostas trouxeram glória a Deus.

João escreveu uma carta que incluía instruções de como orar — como encontrar respostas da parte de Deus. Ele ensinou: "Quando estamos na presença de Deus, temos coragem por causa do seguinte: se pedimos alguma coisa de acordo com a sua vontade, temos a certeza de que ele nos ouve" (1 João 5:14). Cristãos (v.13), têm livre acesso a Deus e a Sua sabedoria. Mas observe que o foco das nossas orações deve ser a Sua honra e glória, reconhecendo que Ele nos ouve e vai nos dar o "...que lhe pedimos..." (v.15). Experimentei isto com a menina adotada e com a amiga cujo câncer voltou. Como?

Jesus disse: "E tudo o que vocês pedirem em meu nome eu farei, a fim de que o Filho revele a natureza gloriosa do Pai" (João 14:13). Quando oramos em nome de Jesus, estamos orando em Jesus — buscando Sua vontade e sabedoria. Oramos ao Pai por causa do acesso concedido a nós pelo Filho. Oramos para que, independentemente do resultado, Jesus seja honrado e "...o Filho revele a natureza gloriosa do Pai" (v.13).

Há grande poder na oração (Tiago 5:16). Deus nos ouve e responderá. Quando o fizer, precisamos estar dispostos a aceitar respostas que não são necessariamente o que queremos, mas que trazem glória a Ele. —Tom Felten

leia›

1 João 5:13-15

Quando estamos na presença de Deus, temos coragem por causa do seguinte: se pedimos alguma coisa de acordo com a sua vontade, temos a certeza de que ele nos ouve (v.14).

examine›

Leia o livro de Marcos 14:36. O que este versículo revela sobre qual deveria ser nosso foco supremo quando buscamos respostas para nossas orações?

considere›

De que forma você reage a algumas respostas recentes de Deus? Por que é crucial que oremos em nome de Jesus?

aplicação pessoal›

esquecer

O anteparo do rio onde o Canal Augusta e o rio Savannah se encontram é um dos lugares mais belos da nossa cidade. Rodopiando em gigantes redemoinhos, o canal vai se transformando de águas calmas em águas turbulentas à medida que é agitada contra a fundação do canal. Certo dia, quando uma amiga e eu levávamos nossos filhos até lá, lancei uma pedra na água. Sentia-me sobrecarregada pelo peso da vida. Quando deixei a pedra cair foi como se estivesse deixando o passado para trás, olhando para o futuro com nova esperança.

O perdão é um presente precioso de Deus. Nossa vida depende desse presente. Mesmo assim, muitas vezes temos dificuldades em estender este presente a outros. Quando cometem alguma injustiça contra nós, ficamos presos à essa ofensa, na esperança de que aqueles que nos ofenderam percebam o erro que cometeram. Parece que parte de nós acredita que nossas petições não serão atendidas se as entregarmos a Deus.

A legitimação é uma necessidade poderosa do espírito humano. Mas separada de Jesus, qualquer aprovação é passageira. Paulo sustentava que nada se comparava com o estar em Cristo e que nenhuma credencial além da cruz realmente tinha algum valor (Filipenses 3:7-9). Jesus morreu na cruz para identificar-se com o nosso sofrimento humano (2:6-8). Por que então procuramos ter comunhão com Ele de outra forma que não seja colocar tudo aos pés da cruz — incluindo nossas dores mais profundas?

A questão não é se as ofensas virão, mas como vamos reagir quando elas vierem (Mateus 5:11,12). Deus não está pedindo para não buscarmos um arrependimento genuíno daqueles que nos machucaram — permitindo que o verdadeiro perdão seja estendido. Mas Ele está pedindo que deixemos o passado para trás para que possamos tomar posse daquilo que está adiante. —Regina Franklin

leia>

Filipenses 3:7-14

É claro, irmãos, que eu não penso que já consegui isso. Porém uma coisa eu faço: esqueço aquilo que fica para trás e avanço para o que está na minha frente (v.13).

examine>

Leia o livro de Salmo 73 para enxergar como deveríamos visualizar nossas lutas à luz da presença orientadora de Deus.

considere>

Quem você tem dificuldade em perdoar? Como esquecer o passado? De que maneira a ordem de Deus para perdoar alguém é um reflexo do que Ele fez por você?

aplicação pessoal>

comer, orar, amar

Livros de memórias espirituais tem desfrutado de grande popularidade. *Comer, rezar, amar* (Ed. Objetiva, 2008), da autora Elizabeth Gilbert, é um exemplo. Uma crônica da crise de meia-idade, além da busca por realização, o livro (e filme posterior) descreve a sua jornada à Itália em busca de comida, à Índia por iluminação espiritual e à Bali por romance.

Os críticos rotularam o livro como narcisista e superficial. Elizabeth se envolve em um romance proibido, adota uma abordagem religiosa de que todos os caminhos levam a Deus, e sua espiritualidade se torna um tanto egoísta. Mesmo assim, milhões devoraram seu livro. Sua popularidade revelou uma sede espiritual em todo o mundo.

Outra mulher vem à minha mente. Sua necessidade era por água em vez de comida exótica, e ela caminhou cerca de 800 metros a uma fonte distante para adquiri-la. "...Se você soubesse o que Deus pode dar e quem é que está lhe pedindo água...", um Homem disse a ela ali, "...você pediria, e ele lhe daria a água da vida" (João 4:10).

Sua busca por amor vinha de longa data e era complexa. "Vá chamar o seu marido...", o Homem havia dito, antes de revelar que ela não era casada com o homem com quem vivia, e o seu passado estava marcado por vários maridos (vv.16-18).

Em relação à oração, o povo dessa mulher tinha uma história espiritual manchada (2 Reis 17:29), por isso seu conhecimento de Deus estava deturpado (João 4:20-22). Mas ela sabia que o Messias vindouro iria esclarecer tudo. "...Eu o sou...", Jesus lhe disse (v.26 ARA).

Para aquela mulher, algo a mais era necessário além de comida, amor sexual e espiritualidade vaga. Ela encontrou esse "algo a mais" em Jesus. Logo a sua história levou outras pessoas com fome espiritual a Ele (vv.39-42). Espero que Elisabeth Gilbert um dia possa contar uma história semelhante. —Sheridan Voysey

leia>

João 4:1-30

Em seguida, a mulher deixou ali o seu pote, voltou até a cidade e disse a todas as pessoas: —Venham ver o homem que disse tudo o que eu tenho feito. Será que ele é o Messias? (vv.28,29).

examine>

Leia o livro de Salmo 42:1 e os livros de Isaías 44:3; 55:1 e Apocalipse 21:6 e observe outras abordagens bíblicas acerca de sede espiritual.

considere>

Por que você acha que livros como *Comer, rezar, amar* são tão populares? De que forma Jesus, a água viva, tem saciado a sua sede espiritual?

aplicação pessoal>

erros caros

Ao ler 1 Samuel, meu livro favorito da Bíblia, fiquei impactado com o desentendimento que Davi teve com Nabal (1 Samuel 25). Davi e seus homens acamparam-se no deserto onde Nabal estava tosquiando ovelhas. Por isso, Davi enviou uma mensagem a Nabal, lembrando-o de como tinha generosamente protegido seus pastores no passado e de que não havia roubado coisa alguma deles. Em troca, Davi pediu a Nabal que desse a ele e aos seus homens os suprimentos que estivessem à mão (vv.8,9).

Nabal era "... mau e grosseiro..." e se preocupava somente consigo mesmo (v.3). Quando o pedido de Davi veio aos ouvidos de Nabal, ele o desprezou. Nabal agiu como se não soubesse quem Davi era e chegou a insultá-lo, dando a entender que era um servo que havia fugido do seu senhor (vv.10,11).

Davi ficou irado quando soube da resposta de Nabal. Ele ordenou aos seus homens que colocassem as espadas na cintura. Armado e furioso, ele e 400 dos seus homens saíram para tirar à força o que precisavam de Nabal (vv.12,13).

Quando a esposa de Nabal, Abigail, ficou sabendo o que o seu esposo tinha dito, temeu pelo pior. Então imediatamente reuniu uma série de suprimentos e cavalgou ao encontro de Davi (vv.20-22). Ela suplicou para que ele não levasse em conta a loucura do seu marido e que evitasse sobrecarregar sua consciência derramando sangue sem causa (vv.23-31). Davi elogiou Abigail pela sua prudência e abortou o ataque (vv.32-35). Caso ela não tivesse interferido de forma corajosa e sábia, ele teria cometido um erro caro.

Talvez você também esteja considerando acertar as contas com alguém que cometeu um erro contra você. Não reaja precipitadamente nem cometa um erro. Considere o sábio conselho de Abigail e deixe que Deus trate daquela pessoa que o ofendeu (Romanos 12:19-21).

—Jeff Olson

leia>

1 Samuel 25:1-35

O homem sensato vê o perigo e se esconde, mas o insensato vai em frente e acaba mal (Provérbios 27:12).

examine>

É interessante notar que antes do seu desentendimento com Nabal, Davi não reagiu e não matou Saul na caverna quando teve chance (24:1-8). Por quê?

considere>

O que acontece ao ignorarmos a instrução de Deus e buscarmos consertar o que está errado? Deus é glorificado quando buscamos a paz?

aplicação pessoal>

ter tudo

A cidade de Nova Iorque é conhecida como "a cidade que nunca dorme", e por um período, Scott Harrison foi um dos responsáveis por isso. Como um dos principais promotores de casas noturnas do planeta, suas relações noturnas lhe trouxeram sucesso e riqueza. Além das suas próprias receitas, outras empresas lhe pagavam milhares de dólares para divulgar seus negócios. Mas durante suas férias no Uruguai, ele redescobriu sua fé e, subitamente, "ter tudo" já não era suficiente.

Scott viajou para a Libéria, onde testemunhou os problemas causados pela água contaminada. Isso resultou em *caridade*: *água*, uma organização que ele fundou e que ajudou mais de um milhão de africanos.

Muitas pessoas percebem que a riqueza, por si só, é sem sentido. O rei Salomão percebeu isto, apesar de suas riquezas impressionantes. Com uma entrada anual de mais de 25 toneladas de ouro, ele possuía uma frota de navios mercantes que circulavam pelos mares, trazendo tesouros exóticos, incluindo marfim, macacos e pavões (2 Crônicas 9:13-21). Durante o reinado de Salomão, a prata era considerada "como pedras" em Jerusalém (v.27).

A fortuna do rei não o impediu de proclamar um longo discurso sobre a vida, inclusive acerca da riqueza. Ele disse: "Quem ama o dinheiro nunca ficará satisfeito. [...] Isso também é ilusão" (Eclesiastes 5:10). *Que bem a riqueza pode trazer, a não ser vê-la escapar por entre os dedos?* Mesmo as pessoas mais ricas do mundo percebem que dinheiro acumulado não garante felicidade.

Não precisamos de dinheiro para encontrar satisfação. Caímos na armadilha de amarmos o dinheiro ao ficarmos obcecados por ele. Salomão disse: "Quem ama o dinheiro nunca ficará satisfeito..." (v.10). Trocar o amor ao dinheiro por amor às pessoas promete um retorno muito maior. —Jennifer Benson Schuldt

leia>

Eclesiastes 5:10-17

Quem ama o dinheiro nunca ficará satisfeito. [...] Isso também é ilusão (v.10).

examine>

Leia o livro de 1 Timóteo 6:6-10 para saber o que Deus pensa acerca de grandes riquezas. E Lucas 12:14-21 para entender por que a vida não pode ser medida pelo que possuímos.

considere>

Por que é tão difícil lidar com a atração da riqueza? Como você pode perceber a diferença entre uma mordomia responsável e adquirir riqueza por si só?

aplicação pessoal>

noite estrelada

Ao perguntarem ao poeta, ensaísta e palestrante Ralph Waldo Emerson o que as pessoas fariam se as estrelas aparecessem uma vez a cada mil anos, ele respondeu: "Os homens ficariam extasiados e espantados."

O autor Paul Hawkins disse numa formatura em 2009: "Se as estrelas aparecessem a cada mil anos, ninguém dormiria naquela noite. O mundo criaria novas religiões da noite para o dia. Ficaríamos empolgados, delirantes, extasiados com a glória de Deus. Em vez disso, as estrelas aparecem todas as noites e preferimos assistir televisão."

Desde que Deus criou as estrelas no quarto dia (Gênesis 1:16), as luzes radiantes não têm cessado de brilhar. Nós, no entanto, com frequência negligenciamos o simples ato de parar e considerar estes e outros milagres da criação de Deus (Jó 37:14).

Ao envelhecermos, nos assemelhamos ao personagem fictício de Mark Twain, Tom Sawyer. Ele lembrava que observar as estrelas era uma parte importante do seu passado mas não do presente. "Tínhamos o céu, por cima de nós, repleto de estrelas", escreve Twain, "e costumávamos deitar-nos de costas a olhar para elas e discutíamos se elas tinham sido feitas, ou tinham simplesmente aparecido."

O rei Davi argumentou que olhar para cima é importante, não importa a nossa idade. "O céu anuncia a glória de Deus e nos mostra aquilo que as suas mãos fizeram. Cada dia fala dessa glória ao dia seguinte, e cada noite repete isso à outra noite. Não há discurso nem palavras, e não se ouve nenhum som. No entanto, a voz do céu se espalha pelo mundo inteiro, e as suas palavras alcançam a terra toda" (Salmo 19:1-4).

Não espere mil anos para sentir admiração por Deus. Em vez disso, olhe para os céus nesta noite e veja o que Ele tem feito! —Roxanne Robbins

leia›

Salmo 19:1-6

O céu anuncia a glória de Deus... (v.1)

examine›

O céu é teu, e a terra é tua; tu criaste o mundo e tudo o que nele existe (Salmo 89:11).

considere›

Você perdeu o sublime senso de maravilhar-se? Olhe para as estrelas e reflita sobre o que Deus revela a você acerca do seu poder e trabalho criativo.

aplicação pessoal›

golpeado

Vinícius Huntington vingou-se de um boi que o chifrou na fazenda da família. Quando sentou-se para comer um pedaço da carne desse boi, ele disse: "Ah! Vou desfrutar dessa carne pra valer".

Ao contrário dele, os seguidores de Jesus que têm sido "golpeados" por palavras e atitudes de outros devem apresentar uma reação diferente quando se trata de vingança. A Bíblia indica claramente que há um padrão. Que padrão é esse?

A vingança humana era inaceitável e proibida no Antigo Testamento (Gênesis 4:15; Levítico 19:18; Deuteronômio 32:35). As pessoas viviam pelo princípio da *lex talionis* (a lei que exigia "*olho* por *olho*"; veja Êxodo 21:23-25). Esta não era uma lei de vingança pessoal, mas garantia que o castigo judicial seria justo e não mal-intencionado. A vingança pessoal era proibida não somente no Antigo Testamento. Jesus também a proibiu (Mateus 5:38-45). Ele ordenou que seus seguidores amassem e orassem por aqueles que os "golpeavam", pois dessa maneira o caráter deles poderiam refletir a natureza do Seu Pai celestial. Essa é a ordem de Jesus porque há um princípio mais amplo quando se trata de vingança pessoal: *A justiça deve ser feita, mas ela deve ser deixada nas mãos de Deus ou nas mãos de autoridades ordenadas por Deus.* De uma ou outra forma, Deus vingará o Seu povo.

Em vez de retribuir com ofensa e insulto, deveríamos viver de maneiras que honram a Cristo: devemos buscar viver em paz com todos (Romanos 12:18; 1 Pedro 4:8), seguir em frente quando necessário (Mateus 10:23), aceitar a ofensa (Hebreus 10:32-34), usar a lei e submeter-se a um mediador espiritualmente maduro (Atos 22:25; 1 Coríntios 6:1-6); além disso, perdoar e fazer o bem à pessoa que nos ofendeu (Lucas 23:34; Romanos 12:19-21). —Marvin Williams

leia>

Mateus 5:38-45

Mas eu lhes digo: amem os seus inimigos e orem pelos que perseguem vocês (v.44).

examine>

Invista tempo lendo os livros de Gênesis 50:15-21 e 1 Samuel 24:1-12 para verificar como deve ser a não retaliação piedosa.

considere>

Por que é tão difícil para alguns cristãos deixar a justiça nas mãos de Deus? O que o motiva a não se vingar?

aplicação pessoal>

nova maneira de viver

Quando minha esposa e eu viajamos a Londres, visitamos os locais famosos, mas passamos a maior parte do tempo caminhando pelas vizinhanças, imergindo numa maneira diferente de viver. Percebemos que tomar chá provia um ritmo diário e que a estação de metrô podia ser bem calma. No mercado Portobello, vimos lojistas fecharem as portas para desfrutar de 20 minutos de quietude. Outras culturas demonstram novas maneiras de viver no mundo.

Numa escala mais ampla, é exatamente isso que a Bíblia oferece. As Escrituras oferecem um convite para uma nova maneira de viver — uma maneira melhor de ser humano. O estilo de vida que a Bíblia descreve não nos torna menos ativos ou menos conectados com o mundo (como se estivéssemos meramente sobrevivendo até que Deus nos retire daqui). Em vez disso, envolver-se com a vida de Deus nos torna mais comprometidos com o nosso mundo — mais parecidos com a pessoa que Deus deseja que sejamos. Paulo colocou isso da seguinte forma: "...abandonem a velha natureza de vocês [...] Vistam-se com a nova natureza, criada por Deus..." (Efésios 4:22,24).

E esta nova vida tem tudo a ver com as coisas do dia a dia: casamento, relacionamentos, trabalho — vida. Nada há de abstrato ou teórico aqui. Deus nos apresenta uma sabedoria franca, ressaltando os aspectos básicos. Nada chamativo — mas tudo *muito* humano. O apóstolo Paulo diz para deixarmos a mentira (v.25). Devemos controlar a ira (v.26). Paulo insiste que aquele que furtava simplesmente "...não roube mais..." (v.28). Devemos falar e viver de forma bondosa, ter corações compassivos e estar sempre prontos a perdoar (v.32).

Pergunto-me como seria o nosso mundo se verdadeiramente refletíssemos a maneira de Deus em nosso modo de viver. —Winn Collier

leia>

Efésios 4:17-32

Vistam-se com a nova natureza, criada por Deus… (v.24).

examine>

Leia o livro de Efésios 5–6. Note como Paulo discute os relacionamentos humanos e maneiras de viver. De que forma o novo modo de vida de Deus influencia as diversas maneiras das pessoas se relacionarem?

considere>

Quais são seus hábitos e padrões? De que forma o convite de Deus a uma nova maneira de viver transforma sua visão de vida real?

aplicação pessoal>

devo?

Cena 1: Davi ouve que Queila está sendo atacada.

Davi: "Irei eu e ajudarei o povo de Queila?"

Deus: "Sim, vai e ajude-os."

Davi: "O Senhor tem certeza? Pode custar nossas vidas."

Deus: "Sim, vá."

Narrador: Então Davi foi e libertou Queila dos filisteus.

Cena 2: Davi fica sabendo da estratégia de Saul para destruí-lo em Queila.

Davi: "Será que os moradores de Queila vão me ajudar?"

Deus: "Não, ao contrário! Eles o trairão."

A Bíblia não relata se Davi falou alguma coisa para os líderes de Queila pela sua ingratidão (1 Samuel 23:4,12). Mas sei o que eu teria feito. Se eu fosse Davi, os teria amaldiçoado enquanto saía depressa junto com meus homens da cidade cercada de muralhas (v.7).

Davi, no entanto, simplesmente levantou-se e saiu da cidade. Seu silêncio é instrutivo. Ele nos ensina que não importa como as pessoas nos tratam; mais importante é como reagimos diante de Deus.

Lemos neste texto que Davi inquiriu quatro vezes ao Senhor. Na primeira vez, quando ouviu acerca da desgraça dos outros, em vez de se preocupar com a própria segurança, perguntou a Deus se deveria ajudar (v.2). Na segunda vez, ele consultou a Deus apesar dos apelos insistentes dos seus homens, que não queriam ir (vv.3,4). Na terceira e quarta vez, ele estava em uma situação difícil, já que Deus o havia levado até lá. No entanto, em vez de irar-se com Deus, orou e aguardou pela resposta (vv.10,12).

Você também deseja ser uma pessoa segundo o coração de Deus? Davi nos deixou um grande exemplo: busque a vontade de Deus e faça-a. —Poh Fang Chia

leia>

1 Samuel 23:1-14

E será que os moradores de Queila vão entregar a mim e também os meus homens a Saul? - perguntou Davi. —Sim, vão! —respondeu o SENHOR (v.12).

examine>

Leia o livro de Salmo 119:33,34 para observar a relação entre conhecer a Palavra de Deus e guardá-la.

considere>

O que acontecerá se você questionar Deus consistentemente sobre questões grandes e pequenas de sua vida? Como você tem buscado fazer a Sua vontade?

aplicação pessoal>

apareça

Meu colega não cumpriu o prazo de entrega de sua parte do nosso projeto. Perguntei ao nosso líder quanto tempo deveria esperar e ele me instruiu a entregar a minha parte, já que meu parceiro provavelmente nunca conseguiria entregar em tempo. "É uma pena, mas ele não é confiável."

É terrível o rótulo: "Não confiável." Podemos ser atraídos pelas qualidades de uma pessoa influente, pela beleza e inteligência, mas alguém provavelmente valorizará a nossa *fidelidade*. Os amigos e colegas de trabalho podem não ser os mais brilhantes ou bem-sucedidos, mas você os aprecia porque sabe que pode contar com eles. Eles sempre aparecem.

Marcos era um "talento" em ascensão na igreja primitiva, mas abandonou Paulo e Barnabé no meio da primeira viagem missionária (Atos 13:13). Paulo recusou-se a levá-lo na segunda viagem, pois era pesada o suficiente mesmo sem preocupar-se com um desistente a bordo (Atos 15:37,38).

O livro de Provérbios 25:19 afirma que o desleal é como um "pé aleijado". Uma perna ferida pode parecer bem quando você está sentado, mas ela bamboleia e pode até ceder quando você levantar e tentar andar. Entendo que pessoas não confiáveis são mais parecidas com pernas quebradas, que sempre nos deixam na mão.

E você? Você não pode escolher os seus dons concedidos por Deus; e não pode obter por si próprio aqueles que não têm. Mas você pode escolher simplesmente apresentar-se. Quando um empregador em potencial avalia as suas referências, elas mostram que você é confiável? Você sempre cumpre as suas responsabilidades?

Não é tarde demais. Enquanto sofria em um calabouço romano, Paulo escreveu a Timóteo: "...Procure Marcos e traga-o com você porque ele pode me ajudar no trabalho" (2 Timóteo 4:11). Marcos finalmente apresentou-se e Paulo confiou nele no final. —Mike Wittmer

leia>

Provérbios 25:13-28

Num momento de dificuldade, depender de uma pessoa que não merece confiança é como mastigar com um dente estragado, andar com um pé aleijado (v.19).

examine>

Leia o livro de Lucas 12:35-48 para descobrir as recompensas por ser confiável e os perigos de ser infiel.

considere>

Algumas pessoas não são confiáveis porque têm preguiça, enquanto outras temem tentar. Qual é seu maior obstáculo em ser confiável, e como superá-lo?

aplicação pessoal>

retorno

Quando minha filha aprendia a dirigir, ela precisava aprender a fazer o retorno, ou seja, uma curva de 180 graus, para ir na direção contrária. Em alguns lugares, é permitido fazê-la, desde que seja seguro. Em Singapura, as curvas em U são permitidas somente em junções especificamente designadas, claramente sinalizadas. Independentemente das leis de trânsito do seu país, é importante que cada motorista seja capaz de realizar uma curva em U.

O povo de Deus na época de Jeremias estava indo na direção errada. Eles tinham rejeitado a Deus. Ele disse: "Porém vocês são um povo teimoso e rebelde, que se revoltou e me abandonou. Vocês não disseram no seu coração: 'Precisamos temer o SENHOR, nosso Deus'" (Jeremias 5:23,24).

Deus paciente e amorosamente insistiu com seu povo para que se arrependesse e fizesse uma curva em U antes que fosse tarde demais: "...Quando alguém cai, será que não se levanta? Quando alguém erra o caminho, não torna a voltar?" (Jeremias 8:4).

Infelizmente, o povo rejeitou os apelos de Deus. Em vez disso, agravaram seus pecados com outro ainda maior: "...vocês não se importaram [...] não aprenderam a lição; foram teimosos e não quiseram voltar para ele" (5:3). Ninguém disse "sinto muito" pelos seus pecados. Ninguém confessou: "...Que fiz eu?..." (8:6). Eles ignoraram de maneira grosseira os sinais da curva em U e permaneceram no seu caminho de pecado autodestrutivo (vv.5,6), e seguiram em direção ao que mereciam e lhes fora designado (5:15-18). Os babilônios vieram, devastaram a cidade, destruíram o templo e deportaram o povo para uma terra distante (52:12-27).

Você também está atravessando a estrada da vida, na direção errada, descendo pelo caminho de pecado e seguindo pelo caminho da destruição? Está na hora de retornar. —K. T. Sim

leia›

Jeremias 8:4-9

...Quando alguém erra o caminho, não torna a voltar? (v.4).

examine›

Quais pecados o povo de Judá cometeu? (Jeremias 5:1-5, 23-28; 7:26-31). Você é culpado destes pecados?

considere›

O que precisa acontecer para que haja uma reviravolta na sua vida? De que forma você poderá colidir se não mudar de direção?

aplicação pessoal›

fora do meu alcance

Meu marido e eu somos cautelosos quando o assunto é filhos. Buscamos diligentemente encontrar um equilíbrio entre limites apropriados sem sermos controladores intransigentes. Amigos, a mídia e eventos sociais são meios poderosos para ajudar nossos filhos a aprender discernir e ter caráter. Percebi, no entanto, que minhas orações por um deles aumentou quando minha filha participou de uma viagem escolar, por três dias. Ela estava fora do meu alcance. Percebi que, com frequência, tenho as coisas sob controle simplesmente porque eles estão ao alcance dos meus olhos.

As histórias de Judá e Israel provam que uma nação que não ensina a verdade à próxima geração torna-se escravizada. Semelhantemente, a educação de nossos filhos não é algo que deve ser deixada para o dia em que tivermos mais tempo ou nos sentirmos mais capazes. Sem orientação divina (resultado de nosso investimento de tempo e energia), nossos filhos se tornam ovelhas sem pastor (Zacarias 10:2).

Precisamos compreender a importância de contar repetidas vezes as verdades da Palavra de Deus (Deuteronômio 6:7). Eles não descobrirão a verdade em Jesus simplesmente fazendo o que pedimos ou permanecendo dentro dos limites de nosso controle.

Eles caminham de forma confiante e livre quando conhecem aquele que os liberta. Portanto, como pais, devemos:

• Seguir Jesus e encorajar nossos filhos a fazer o mesmo (1 Coríntios 11:1).

• Dar espaço para que aprendam com seus próprios erros à medida que Deus os disciplina (Hebreus 12:7-11).

• Reconhecer que Deus lidará individualmente com cada um de nossos filhos (Ezequiel 18:20,30).

A criação de filhos pode ser bastante assustadora. Mas mesmo quando a presença de nossos filhos estão fora do nosso alcance, eles nunca estão além do alcance de Deus. —Regina Franklin

leia>

Deuteronômio 6:1-19

...e não deixem de ensiná-las aos seus filhos. Repitam essas leis em casa e fora de casa, quando se deitarem e quando se levantarem (v.7).

examine>

Leia o livro de Deuteronômio 6:1-9 para ver como devemos tornar o treinamento espiritual parte importante do dia a dia da vida familiar.

considere>

Qual é o seu maior medo como pai ou mãe? De que forma a Palavra de Deus aborda o seu medo?

aplicação pessoal>

espaguete despedaçado

O matemático cristão John Lennox discutiu sobre a existência de Deus com Richard Dawkins, cientista ateu. Dawkins frequentemente fala do "monstro de espaguete voador" como analogia para a crença em Deus. E argumenta: "Uma vez que a existência de Deus não pode ser provada, é tão ridículo crer nele quanto crer num macarrão que voa."

Isaías viveu quando o povo de Deus enfrentava um inimigo monstruoso. Devido à sua rebeldia e desobediência, Deus permitiu que fossem tomados pelos babilônios — inimigos brutais que os levaram cruelmente para o cativeiro. Deus disse: "Por que esquecem o Senhor, o seu Criador, aquele que estendeu o céu e firmou a terra?..." (51:13). Deus declarou que somente Ele era digno de adoração, porque está acima de todas as coisas.

Deus diz: "Eu, o SENHOR, sou o Deus de vocês. Eu agito o mar e faço as suas ondas rugirem..." (v.15). Cada aspecto do mundo natural reflete Seu desígnio perfeito. A "...obra dos [seus] dedos..." (Salmo 8:3 ARA). é claramente visível. Isaías podia declarar corajosamente a existência de Deus porque ele o conhecia e reconhecia a Sua presença em todas as coisas criadas. Ele também sabia que Deus tinha lhe dado as palavras e que ele estava seguro em Suas mãos (v.16).

John Lenox mostra essa mesma confiança. Dawkins argumenta que, se alguém encontra por acaso um jardim em uma floresta, simplesmente deveria apreciá-lo sem ter que crer em "fadas escondidas por detrás das flores". Lennox responde: "É claro que você não precisa crer em fadas no jardim, mas precisa reconhecer que havia um Jardineiro ali".

Paulo disse: "...as suas qualidades invisíveis [...] têm sido vistas claramente [...] nas coisas que Deus tem feito?... " (Romanos 1:20). —Tom Felten

leia>

Isaías 51:12-16

Por que esquecem o SENHOR, o seu Criador, aquele que estendeu o céu e firmou a terra?...(v.13).

examine>

Leia o livro de Romanos 1:21-25 para compreender por que algumas pessoas negam a existência de Deus.

considere>

O que permite que você tenha confiança em Deus e em sua existência? De que maneira, você apresentará sua fé mais ousadamente nesta semana?

aplicação pessoal>

a oração de quem duvida

Ao longo dos séculos, algumas orações bíblicas se tornaram particularmente preciosas para os cristãos. A oração dominical é uma delas (Mateus 6:9-13). A oração "...Ó Deus, tem pena de mim, pois sou pecador!", (Lucas 18:13), está em elevada estima pela Igreja Ortodoxa Oriental. Hoje apresento a *minha* oração favorita. Vamos chamá-la de "a oração daquele que duvida".

A dúvida e obscuridade envolvem sua origem. Pedro, Tiago e João tinham acabado de presenciar a transfiguração de Jesus no monte Hermon, mas não perceberam a importância do momento (Marcos 9:5,6). Na volta, encontraram alguns mestres da lei (conhecidos como descrentes em Jesus) discutindo com os outros nove discípulos (v.14). Jesus havia autorizado Sua equipe a expulsar demônios (3:14,15; 6:13), mas algo tinha dado errado. Um pai tinha trazido seu filho endemoninhado para os discípulos e estes foram incapazes de ajudá-lo (vv.17,18).

Jesus estava frustrado pela falta de fé dos envolvidos. Jesus chamou o menino, mas o espírito provocou-lhe convulsões. Nesse momento o pai suplicou desesperadamente. "...Mas, se o senhor pode, então nos ajude. Tenha pena de nós" (Marcos 9:22).

Jesus afirmou: "Se eu posso? Tudo é possível para quem tem fé" (v.23). Em seguida o homem orou o que se tornou modelo de tantos cristãos duvidosos ao longo dos anos: "...Eu tenho fé! Ajude-me a ter mais fé ainda!" (v.24). Pergunto-me se a fé do homem tinha esmorecido à medida que suas esperanças foram abafadas. O que eu amo acerca do final da história é que Jesus concedeu o desejo ao pai hesitante e libertou seu filho (vv.25-27).

Oro dessa maneira inúmeras vezes. Faltou-me fé de que Deus atenderia a minha oração em certas situações, mas eu *queria* crer. Jesus frustra-se com a falta de fé, mas ele responde a oração daquele que duvida. E por esse motivo, estou agradecido. —Sheridan Voysey

leia>

Marcos 9:14-29

Então o pai gritou: —Eu tenho fé! Ajude-me a ter mais fé ainda! (v.24).

examine>

Leia o livro de João 20:26-29 e observe como Jesus lida com um "incrédulo". Observe como ele reage às dúvidas de Tomé.

considere>

Qual é sua luta para crer em Deus — finanças, cura, libertação, perdão? Em qual promessa bíblica você pode se basear quando faz a Oração do incrédulo?

aplicação pessoal>

ferir para ajudar

Uma das alunas de seminário do professor Haddon Robinson veio falar com ele a respeito de um trabalho escolar do seu marido. Ela lhe disse que seu marido estava sob muita pressão e trabalhando muito, e não estava conseguindo entregar as tarefas em tempo. Mas, em vez de pedir para "dar uma colher de chá" ao marido, ela pediu para o professor não fazê-lo. Embora desejasse que ele fosse bem e completasse seus estudos, ela também achava que as pessoas tinham a tendência de facilitar as coisas para ele e isso não o estava ajudando a terminar as tarefas no prazo determinado.

Essa esposa não estava sendo vingativa. Ela estava tentando ajudá-lo — mesmo que a sua intervenção pudesse custar-lhe uma boa nota.

O amor busca o melhor para os outros, mesmo que isso possa gerar certo desconforto. Paulo estava se referindo a isso, quando escreveu: "Que o amor de vocês não seja fingido. Odeiem o mal e sigam o que é bom" (Romanos 12:9).

Ninguém ama de maneira perfeita, mas o amor é o padrão que Jesus diz que devemos empenhar-nos em alcançar (v.10; João 15:12). E mesmo Jesus mostrou-nos que o amor é mais do que fazer uma pessoa sentir-se bem. Após a Sua morte e ressurreição, Jesus levou Pedro de volta à noite em que este o negou três vezes (João 21:15-17). Foi um momento profundamente doloroso para Pedro, mas Jesus o levou até lá para que pudesse reafirmar Pedro e sua missão.

Mesmo que às vezes possa doer, o verdadeiro amor pergunta: "De que forma posso ser um instrumento de Deus para desafiar e confrontar alguém?". Nosso alvo é ajudar as pessoas a tornarem-se aquilo que Deus deseja que elas sejam. Você está disposto a "ferir" para poder ajudar? —Jeff Olson

leia>

Romanos 12:9-18

Que o amor de vocês não seja fingido. Odeiem o mal e sigam o que é bom (v.9).

examine>

Leia o livro de 2 Coríntios 7:8,9 e veja o quanto Paulo se importava com os coríntios, a ponto de enviar-lhes uma mensagem "dolorosa".

considere>

Onde Deus pode chamar você para "ferir" alguém, com a intenção de ajudá-lo? Qual é a diferença entre ferir sem necessidade e falar a verdade em amor?

aplicação pessoal>

fogo invisível

Marta, minha cabeleireira, contou-me sobre um conhecido dela que tem chamas tatuadas no couro cabeludo. Quando sua cabeça está coberta, ninguém consegue ver o "inferno" no seu crânio. Mas, quando ele raspa a cabeça, o fogo é visível. O conceito — agora você vê as chamas, agora não — até que é legal. A não ser que ele escolha compartilhar a tatuagem, ela é seu pequeno segredo.

O rei Nabucodonosor tinha um segredo. Ele recusou-se a revelar o conteúdo de um sonho perturbador. Este rei desafiou seus conselheiros a não somente interpretar o seu significado, mas a também descrever os acontecimentos do mesmo (Daniel 2:5).

Como um dos conselheiros do rei, Daniel seria morto a não ser que pudesse detalhar e decifrar o sonho. Daniel orou, e Deus lhe revelou o sonho em uma visão (v.19). A reação do rei Nabucodonosor foi prostrar-se diante de Daniel, e proclamar: "...O Deus que vocês adoram é, de fato, o mais poderoso de todos os deuses [...] é ele quem explica mistérios, pois você me explicou este sonho misterioso" (v.47).

O ponto aqui não é que todos nós devamos esperar nomear e interpretar sonhos. Isto foi o que Deus capacitou Daniel a fazer, porque Deus "...conhece o que está escondido na escuridão..." (v.22), Ele vê tudo — as boas ações e os atos sombrios que certamente não gostaríamos que fossem vistos. Ele conhece nossos vícios secretos, os padrões de pensamentos corruptos e a hipocrisia que achamos que ninguém percebe. Deus também sabe que estes tipos de segredos queimam em nossos corações como fogo invisível.

Felizmente, não há "segredo" tão chocante que possa manter-nos afastados do amor de Deus. Ele é o justo Juiz e — ao mesmo tempo — Ele é amor (1 João 4:8). Se expusermos nosso pecado secreto e o confessarmos a Deus, Ele vai "nos perdoar" e "...nos limpará de toda maldade" (1 João 1:9). —Jennifer Benson Schuldt

leia>

Daniel 2:20-49

Ele explica mistérios e segredos e conhece o que está escondido na escuridão, pois com ele mora a luz (v.22).

examine>

Leia o livro de Salmo 32:3-5 e veja o que aconteceu quando Davi confessou tudo diante de Deus. Por que às vezes nos negamos a discutir nosso pecado com Deus?

considere>

Ao lembrar-se de que Deus vê tudo o que há em você, de que forma isso o estimula a parar algumas ações e começar outras?

aplicação pessoal>

desesperado

Tom Thompson trabalha para uma organização de caridade. Certo dia enquanto estava sentado em um barco no rio Ganges, ele viu pessoas despejarem cinzas de corpos incinerados na mesma água em que as pessoas se banhavam, recolhiam água para beber, escovavam os dentes, lavavam roupas e eliminavam o esgoto. Tudo da maneira mais primitiva imaginável (Não pense demais sobre isso). Contudo, ninguém parecia se incomodar, já que o rio é considerado sagrado.

Thompson refletiu sobre o desespero de qualquer atitude que busca a realização interior sem Jesus e orou de forma espontânea: *Obrigado Senhor, por me libertar disto.* Em seguida, teve uma epifania (manifestação divina): Com frequência, lembrava que Deus o amava. Mas tinha esquecido que Jesus também os amava.

Ele se lembrou-se de outra situação desesperadora. No livro de Marcos 2, alguns homens tinha um amigo paralítico. Jesus estava ensinando em uma casa em Cafarnaum. Impossibilitados de colocar o paralítico no interior da casa, os amigos recorreram a medidas extremas. Eles subiram no topo da casa, abriram um buraco no telhado e desceram o paralítico diante de Jesus. "Jesus viu que eles tinham fé e disse ao paralítico: — Meu filho, os seus pecados estão perdoados" (v.5). Em seguida, Jesus caminhou a segunda milha. Ele o curou tanto física quanto espiritualmente (vv.10,11).

Thompson usa essa situação para desafiar os seguidores de Jesus a trocar sua posição confortável do cristianismo por algo que pode mudar o mundo radicalmente. "Faça algo que o amedronta", ele diz. "Saia da sua zona de conforto".

Momentos desesperadores requerem medidas desesperadoras. Talvez nunca abriremos um buraco no telhado para levar alguém a Jesus, mas o que estamos dispostos a fazer ou abandonar com o intuito de levar outros a Ele? —Tim Gustafson

leia>

Marcos 2:1-12

...E como poderão ouvir, se a mensagem não for anunciada? (Romanos 10:14)

examine>

O livro de Marcos 2 mostra que os líderes religiosos estavam longe de Deus. A quem Jesus veio salvar? (vv.13-17). Quem está próximo a Ele? (v.17).

considere>

Onde você vê o desespero no mundo? Como o desespero pode levar você a um cristianismo radical em vez de a uma religião confortável?

aplicação pessoal>

por que cantamos?

A música é um tipo de linguagem — uma linguagem *empírica*. Ela permite que comuniquemos o que sentimos e evoca o que esperamos sentir. Quando desejo silêncio, um jazz suave me ajuda a expressar esse anelo. Quando quero ficar alegre, coloco uma música mais animada. Minha esposa e eu temos músicas que liberam lembranças e emoções dos nossos anos juntos sempre que as ouvimos. Tenho diversos amigos que melhor se expressam diante de um piano ou cantando certas canções.

No livro de Efésios, Paulo descreve a obra que Deus está fazendo no mundo, habilitando um povo (a Igreja) que vai personificar o reino de Deus. Como povo de Deus, devemos viver e amar como Deus vive e ama. Devemos "...compreender qual [é] a vontade do Senhor..." e, então, realizá-la (5:17 ARA). Nunca poderíamos colocar em prática esta nova maneira de viver por conta própria. Não somos tão sábios e habilidosos. Conseguimos ver esta nova vida tomar forma à medida que permitimos que a presença e força de Deus reinem livremente em nós. Paulo expressa isso da seguinte forma: "...encham-se do Espírito de Deus" (v.18).

Mas o que ocorre quando somos cheios de Deus — do Espírito Santo? Será que recebemos poderes sobre-humanos ou começamos a brilhar como um anjo? Nesta ocasião, pelo menos, Paulo diz que vamos cantar. Cantar? Sim, Deus irá nos encher e então entoaremos belos cânticos.

Primeiro, entoaremos entre nós cânticos espirituais (v.19). A música que Paulo descreve é uma música popular, a expressão da Igreja concernente ao caráter e atividade de Deus. Segundo, cantamos "ao Senhor" (v.19). Nossa música e nossas vidas devem ser dirigidas a Deus.

Música alegre que canta a história de Deus é uma maneira de experimentar (e proclamar) Sua obra entre nós. —Winn Collier

leia>

Efésios 5:15-20

Animem uns aos outros com salmos, hinos e canções espirituais. Cantem, de todo o coração, hinos e salmos ao Senhor (v.19).

examine>

Leia o livro de Salmo 30. De que maneira o salmista interage com a música e o cântico?

considere>

A música ajuda você a experimentar a presença de Deus ou expressar-se a Ele? Como Deus deseja preenchê-lo? — que tipo de louvor pode emergir disso?

aplicação pessoal>

ao coração

Em 1897, no lixão da vila em Oxirrinco, Egito, dois arqueólogos desenterraram alguns pedaços de papel — conteúdos descartados de uma cesta de lixo. Eles leram as primeiras palavras, sabiam que tinham descoberto algo grande — *muito* grande.

O Novo Testamento grego apresenta um vocabulário de cerca de 5.500 palavras, das quais aproximadamente 500 palavras eram singulares do Novo Testamento, não observadas em qualquer literatura grega anterior. Alguns estudiosos bíblicos consideram que essas palavras ímpares foram criadas pelo Espírito Santo para convir com o propósito da revelação de Deus. Mas com a descoberta dos pedaços de papel em Oxirrinco, ficou claro que as palavras do Novo Testamento simplesmente refletiam a linguagem comum do dia a dia das pessoas.

Lemos: "Pois toda a Escritura Sagrada é inspirada por Deus..." (2 Timóteo 3:16). Este texto não lança nova luz a respeito do Autor das Escrituras? Deus é santo, mas também é profundamente pessoal. Ele não fala conosco em uma língua extravagante, mas por meio de uma linguagem de coração para coração.

Os instrumentos atuais altamente desenvolvidos de estudo da Bíblia podem permitir que deixemos escapar as verdades simples e profundas da Palavra de Deus. Podemos sair de um estudo bíblico com conhecimento de verdades bíblicas, mas com os corações inalterados. Aprendamos a Palavra de Deus com o coração.

Ao colocar este alvo em prática, Paulo diz que devemos fazer o que ele fez, pois ele passou por muitas pressões (vv.10-13). A segunda parte da instrução de Paulo diz acerca das Escrituras: "...continue firme nas verdades que aprendeu e em que creu de todo o coração..." (vv.14-17). Este conselho não é extravagante ou conceitual; é pessoal e prático. Permita que esta mensagem fale ao seu coração hoje. —Poh Fang Chia

leia>

2 Timóteo 3:10-17

Pois toda a Escritura Sagrada é inspirada por Deus e é útil para ensinar a verdade, condenar o erro, corrigir as faltas e ensinar a maneira certa de viver (v.16).

examine>

Leia o livro de Jeremias 15:16 e observe o desejo do profeta de internalizar a Palavra de Deus. De que maneira é possível estudar a Palavra de Deus e guardá-la no coração?

considere>

Deus usou a linguagem comum do dia a dia em Sua Palavra. O que isso revela acerca do Seu desejo de comunicar-se com você?

aplicação pessoal>

vale a pena?

Lou Gehring pode não ter morrido da doença Lou Gehring. Ele foi jogador profissional de beisebol e pertence ao Hall da Fama deste esporte. Seu nome é o homônimo para Esclerose lateral amiotrófica (ELA), uma doença neurológica que paralisa lentamente suas vítimas e as leva à morte. Novas pesquisas revelam que Gehring pode não ter contraído ELA, mas apresentou sintomas similares devido aos seguidos golpes na cabeça.

Ele foi o legendário Homem de Ferro que atuou em 2.130 jogos de beisebol seguidos. Em determinado jogo, Gehring foi violentamente atingido pela bola de beisebol. Mesmo assim participou do jogo no dia seguinte. Havia um "galo" tão grande na sua cabeça que precisou emprestar um boné maior. Gehring é elogiado por sua determinação, mas esse seu compromisso pode ter culminado na doença que o matou. Ele realmente era bom naquilo que fazia, mas o que fez pode ter destruído sua vida.

Vale a pena? (Eclesiastes 4:8). Esta pergunta incomoda uma jovem advogada enquanto revisa documentos noite adentro. Seu trabalho drena a sua alegria de viver, mas ela está devendo demais ao banco, e não vê outra saída.

Vale a pena? Esta pergunta persegue os sonhos do empresário viajante. Ele está fazendo mais dinheiro do que pode gastar de maneira responsável. Em compensação, fica mais tempo fora do que em casa.

Se você tiver dinamismo e talento, possivelmente é bom naquilo que faz. Mas não permita que o *bom* tome o lugar do que é *melhor*. Você deve isso a Deus, a você mesmo, e àqueles que ousam fazer a pergunta: "...Para que é que ele trabalha tanto..."? (v.8)

Sua carreira ou negócio está afastando você das pessoas que mais ama? Você pode ser realmente bom naquilo que faz, mas o que faz pode estar destruindo a sua vida. Vale a pena? —Mike Wittmer

leia>

Eclesiastes 4:1-8

...Para que é que ele trabalha tanto, deixando de aproveitar as coisas boas da vida?... (v.8)

examine>

Leia o livro de Salmo 90 para descobrir como tornar-se uma pessoa sábia na tomada de decisões diárias e em relação à vida.

considere>

Liste as pessoas mais importantes de sua vida. O que você pode fazer agora — e a longo prazo — que deixa claro que eles são muito importantes para você?

aplicação pessoal>

base sólida

Sentimentos *mentem*. Essa verdade ficou evidente quando conversávamos com um jovem que após tornar-se sexualmente ativo, estava arrasado ao perceber o quanto tinha se afastado da Palavra de Deus. Tentando convencer-se de que Deus pudesse extrair algo bom do pecado deles, continuou o relacionamento. Com base nos seus sentimentos, um véu de engano cobriu os olhos do seu coração. Depois, o jovem estava sentindo-se péssimo porque sabia que precisava terminar o relacionamento. Sentia fortemente que a namorada não era a mulher que Deus tinha para ele.

Pelo fato de vivermos em uma cultura onde os padrões mudam rapidamente, é fácil aceitar a mentira de que a verdade é relativa. Afinal, quem não se sente mais confortável em viver de acordo com o que "parece ser o certo" no momento, especialmente quando as emoções falam mais alto?

Mas a Palavra de Deus não muda (Salmo 119:89). Consistente desde a eternidade, a Palavra de Deus permanece, não somente como nossa esperança em tempos de desespero e incerteza, mas também como nossa luz mesmo quando achamos que temos tudo sob controle (v.105).

Tantas vezes tentamos construir nossa casa sobre um fundamento firme no meio de uma tempestade que nós mesmos provocamos. Mas, na realidade, a construção ocorre muito antes dos ventos assolarem. Ela ocorre nas nossas decisões diárias, quando o sol ainda está brilhando e precisamos escolher os caminhos de Deus ou nossos próprios caminhos.

Ao contrário dos nossos sentimentos, Deus nunca mente e seus planos nunca falham (Números 23:19). Há épocas em que parece fácil obedecer a Sua Palavra porque sentimos a Sua verdade no fundo do nosso coração. Mas também há épocas em que precisamos escolher obedecer as Suas verdades, quer estejamos dispostos a fazê-lo ou não.

—Regina Franklin

leia›

Mateus 7:21-29

Caiu a chuva, vieram as enchentes, e o vento soprou com força contra aquela casa. Porém ela não caiu porque havia sido construída na rocha (v.25).

examine›

Leia o livro de Isaías 55 para entender por que precisamos trocar nossos sentimentos pela verdade da Palavra de Deus e nos apossarmos das promessas que estão à nossa disposição quando o obedecemos.

considere›

Nossos sentimentos por alguém podem mudar. Como isso nos afeta? Por que às vezes tentamos negociar com Deus quando o assunto é obediência a Ele?

aplicação pessoal›

preso na armadilha

No Chile, 33 mineiros ficaram presos quando a mina de cobre na qual estavam trabalhando foi abalada por um deslizamento de terra. Setecentos metros abaixo da terra, eles enfrentaram semanas de estresse mental e físico antes do resgate. Um homem, no entanto, experimentou ansiedade ainda maior quando soube que a sua esposa e a sua amante tinham se encontrado na vigília em favor deles. Ele estava *preso* em mais de uma armadilha.

A Bíblia diz: "...E fiquem sabendo que vocês serão castigados por causa dos seus próprios pecados" (Números 32:23).

Um aspecto que pode oferecer grande conforto a nós é o fato de Deus ser onisciente — Ele sabe tudo. O salmista escreveu: "O SENHOR Deus olha do céu e vê toda a humanidade" (Salmo 33:13). Deus vê tanto os mineiros cobertos de escuridão quanto a nós num dia ensolarado. Ele conhece "...todos os [nossos] caminhos" (Salmo 139:3 ARA). Por outro lado, o fato de Deus conhecer todos os nossos passos também pode ser *condenatório*. Especialmente se, de maneira tola, buscarmos esconder nossos pecados dele.

Nosso santo Deus é onisciente. Ele nos vê lá do Seu trono (33:14). Nada pode ser escondido dos seus olhos penetrantes e amorosos. "Diante de ti puseste as nossas iniquidades e, sob a luz do teu rosto, os nossos pecados ocultos", declarou Moisés (90:8). É impossível esconder nossos caminhos tortuosos do nosso Criador e Sustentador.

O salmista revela que Deus conhece nossos pensamentos e desejos mais íntimos: "É Deus quem forma a mente deles e quem sabe tudo o que fazem" (33:15). Ele conhece nosso coração e o que está oculto dentro dele.

Dito isto, de que maneira você está preso hoje? O pecado está fazendo você se esconder do olhar de Deus? Está na hora de se arrepender e voltar-se para a Sua magnífica e onisciente presença. —Tom Felten

leia>

Salmo 33:1-15

O SENHOR Deus olha do céu e vê toda a humanidade (v.13).

examine>

Ao ler o livro de Provérbios 15:3, considere a onisciência de Deus e como ela nos conforta e ao mesmo tempo nos condena.

considere>

De que forma você tem sido apanhado na armadilha do pecado? Como a onisciência de Deus afeta a sua maneira de viver?

aplicação pessoal>

estudos imperfeitos

Em 1988, um estudo concluiu que pacientes com problemas coronários eram 11% mais suscetíveis a se recuperar após terem recebido orações de outros. Um estudo de 2006 sugeriu que não há qualquer melhoria. Mais recente (em setembro de 2010), outro estudo apresentou resultados bastante positivos em moçambicanos com deficiência visual e auditiva que tinham recebido oração.

Considero esses estudos interessantes, mas muitos apresentam problemas metodológicos profundos. Alguns deles usaram orações pluriconfessionais. Afinal, para qual Deus estava se orando? Muitos têm procurado por um resultado direto de causa e efeito. Onde se encaixa a vontade de Deus na equação? Realmente não creio que Deus está interessado em experimentos laboratoriais.

Jesus também se preocupava com abordagens empíricas dos milagres. Alguns fariseus queriam que Jesus realizasse um milagre para provar quem era. Ele já havia curado uma menina possuída por um espírito imundo (Marcos 7:24-30) e um homem surdo e gago (7:31-37). Além disso, também tinha acabado de alimentar miraculosamente quatro mil homens, e em outra ocasião 5 mil (6:30-44) — milagres que os fariseus tinham visto pessoalmente ou ouvido falar. Mas isso não foi suficiente para eles. Por isso, Jesus" ...deu um grande suspiro..." e negou o pedido deles (8:12).

Jesus não se dispunha a fazer milagres sob exigências, pois não os fazia àqueles que Ele sabia que não creriam. Não os fazia para mentes fechadas ou meramente questionadoras. Seus atos miraculosos eram feitos por compaixão (8:2) ao desesperado (7:26), aos que criam (5:27,28), e até mesmo ao incrédulo (9:24-27), mas nunca aos meramente curiosos.

A oração funciona! Mas ela deve ser dirigida ao único e verdadeiro Deus, em submissão à Sua soberana vontade. —Sheridan Voysey

leia>

Marcos 8:11-21

Jesus deu um grande suspiro e disse: — Por que as pessoas de hoje pedem um milagre? Eu afirmo a vocês que isto é verdade: nenhum milagre será feito para estas pessoas (v.12).

examine>

Contraste a atitude dos fariseus com a do pai incrédulo no livro de Marcos 9:14-27. Por que Jesus reagiu positivamente ao pedido do pai por um milagre?

considere>

Alguns estudos de oração focam no ato humano da oração em vez de focar no Deus a quem se ora. Por que isto está errado?

aplicação pessoal>

pessoal e presente

Se houve uma pessoa que teria o direito de perguntar: "Por que eu?", esta seria Joan Brock. Como jovem esposa e mãe, Joan ficou completamente cega em apenas três semanas. Como se isso não fosse difícil o suficiente, cinco anos mais tarde, seu marido morreu de um tipo raro de câncer.

Quando Joan começou a falar publicamente a respeito de sua história, muitas pessoas lhe questionaram se em algum momento havia perguntado: "Por que eu?". Parte de mim não a culparia se ela o tivesse feito. Joan, no entanto, escolheu fazer uma pergunta diferente: "Por que não eu?". Ela percebeu que não era melhor do que qualquer outra pessoa e não estava isenta de experimentar tragédia e sofrimento.

O que Joan Brock entendeu era a mesma coisa que Jó lutava para entender durante a perda dos membros da sua família e de sua boa saúde. Ao longo de quase todo livro do Antigo Testamento, Jó considerava-se "justo" (Jó 34:5). Certamente, Jó não estava sofrendo por causa de seu pecado pessoal como insistiam seus três amigos (32:1). Ele não era ímpio, mas também não era perfeito. O problema é: ele parecia pensar que era bom o suficiente para ser isento das tragédias. Jó achava que Deus era o responsável (Jó 19:6,7; 27:2).

Jó sustentava sua inocência, até que Deus revelou-se de tal forma que expôs a soberba dele. No final, ele humilhou-se e começou ver a ele mesmo, suas perdas e seu Deus numa perspectiva totalmente nova (42:1-6).

Jó passou por um nível de dor e perda que a maioria das pessoas nunca vai experimentar. Suas lutas, no entanto, são uma lição para todos nós. Quando o assunto é enfrentar dificuldades na vida, ninguém recebe um passe livre. A questão que precisamos perguntar é: *"Por que não eu?"*. —Jeff Olson

leia>

Jó 33:1-33

Creio que ouvi você dizer o seguinte: 'Não sou culpado; não fiz nada de errado. Estou inocente; não cometi nenhum pecado' (vv.8,9).

examine>

Às vezes não é arrogante perguntar: "Por que eu?". Foi o que Jesus fez na cruz: "...Deus meu, Deus meu, por que me desamparaste?" (Mateus 27:46). Por que isto é diferente?

considere>

De que forma você é arrogante diante de uma perda? O que você aprendeu com o exemplo de Jó?

aplicação pessoal>

sem algemas

Era difícil não perceber as mulheres vestidas em amarelo. Algemadas e em fila, algumas prostitutas cobriam seus rostos. Os que testemunharam o espetáculo vergonhoso, manifestaram-se pela internet afirmando que muitas delas se prostituíam para alimentar os filhos. O governo reagiu criando uma lei para banir a prática da exposição pública desses profissionais do sexo.

Jesus também deparou-se com um espetáculo vergonhoso quando os fariseus arrastaram uma adúltera para o meio da multidão e sugeriram apedrejá-la. Ao que Jesus reagiu: "...Quem de vocês estiver sem pecado, que seja o primeiro a atirar uma pedra nesta mulher!" (João 8:7). Forçados a um autoexame, os fariseus saíram, um por um.

Jesus perguntou à adúltera: "...Mulher, onde estão eles? Não ficou ninguém para condenar você?" (v.10). Esta pergunta demonstra que Jesus *não era* um deles. Quando lutamos com vergonha, Jesus não nos acusa, *Ele nos defende*. Como cristãos, mesmo quando pecamos, "...temos Jesus Cristo, que faz o que é correto; ele nos defende diante do Pai" (1 João 2:1).

Como advogado da mulher, Jesus perguntou: "...Não ficou ninguém para condenar você?" (João 8:10). Ela disse não, Ele continuou: "...Pois eu também não condeno você..." (João 8:11). A graça de Jesus libertou a adúltera do seu pecado e, consequentemente, da sua vergonha. Sua graça faz o mesmo por nós. "Agora já não existe nenhuma condenação para as pessoas que estão unidas com Cristo Jesus" (Romanos 8:1).

Depois do Seu perdão público, Jesus disse a ela: "...Vá e não peque mais!" (João 8:11). Ele estava dizendo a ela como permanecer livre da vergonha. Porque o pecado contínuo produz a vergonha contínua, nós também devemos abandonar as coisas pecaminosas que provocam desgraça.

Quando nos conscientizamos de que Jesus é nosso Advogado misericordioso e abandonamos nosso pecado, a vergonha não pode algemar nosso coração. —Jennifer Benson Schuldt

leia>

João 8:1-11

...Mulher, onde estão eles? Não ficou ninguém para condenar você? (v.10).

examine>

Leia o livro de Gênesis 3:6-10 e observe como a vergonha pode afetar nosso relacionamento com Deus. E leia Isaías 61:7-9 para aprender sobre a habilidade de Deus em remover a vergonha do Seu povo.

considere>

Qual é o perigo em permitir que a vergonha governe o nosso coração? Por que é importante evitar envergonhar pessoas publicamente?

aplicação pessoal>

O que é uma boa autoestima?

por Dan Vander Lugt

Alguns cristãos, na verdade, rejeitam a ideia de "boa autoestima" e a identificam com arrogância e orgulho pecaminoso. Acreditam que o conceito de autoestima, como um todo, vai incentivar as pessoas a "amar apenas a si mesmas", no sentido condenado em 2 Timóteo 3:1-5. Contudo, e se autoestima for realmente apenas uma outra maneira de expressar o respeito e o cuidado apropriado com a personalidade que Deus nos confiou? Nesse caso, o problema se torna muito diferente. As pessoas que não cuidarem e apreciarem o corpo, emoções e mente que Deus lhes deu adequadamente, sofrerão perdas (Mateus 25:14-30).

É verdade que a Bíblia nos ensina que, à perspectiva de Deus, nossas obras são como trapos imundos (Isaías 64:6; Romanos 3:21-23). No entanto, também é verdade que pela fé mediante a obediência somos chamados amigos de Deus (João 15:15). Somos Seus filhos amados a quem Ele cuida profundamente (1 João 3:2). A falta de compreensão do texto bíblico pode impedir os cristãos de serem servos de Deus eficazes. O próprio apóstolo Paulo refere-se a uma maneira adequada de pensarmos sobre nós mesmos:

"Por causa da bondade de Deus para comigo, me chamando para ser apóstolo, eu digo a todos vocês que não se achem melhores do que realmente são. Pelo contrário, pensem com humildade a respeito de vocês mesmos, e cada um julgue a si mesmo conforme a fé que Deus lhe deu" (Romanos 12:3).

Uma pessoa com sóbrio conhecimento de si mesma é dolorosamente consciente de sua propensão ao pecado e do egoísmo e rebelião que contaminam o coração. Entretanto, um ponto de vista bíblico da natureza humana não se concentra inteiramente em nosso "lado negro". Nós somos a coroa da criação de Deus (Salmo 8) criados à Sua imagem (Gênesis 1:26). Embora caídos, Ele nos fez objetos de Seu amor redentor (Romanos 5:6-10), tomando forma humana para que pudéssemos conhecer o Seu amor e aceitá-lo (Efésios 1:3-10). Portanto, o autoconhecimento baseado na Bíblia alerta a percepção da depravação humana com a consciência de que Deus morreu por nós e, assim, estabeleceu nosso valor infinito (2 Coríntios 3:18).

Ter compreensão de nós mesmos, fundamentados no amor de Deus por nós, permite que seja possível vivermos com honestidade, coragem e amor.

Ter compreensão de nós mesmos, fundamentados no amor de Deus por nós, permite que seja possível vivermos com honestidade, coragem e amor. Sem a autoestima embasada na Bíblia, somos impotentes quando confrontados por pressões e tentações do pecado. Fazemos coisas que são destrutivas a nós mesmos e a outras pessoas. Para resumir, autoestima fundamentada biblicamente enxerga a vida com gratidão, procurando viver em obediência ao Espírito Santo, mas percebendo que a perfeição é impossível neste mundo. A falsa autoestima, do tipo que é espiritualmente destrutiva, não é baseada em gratidão a Deus, mas na aprovação deste mundo conturbado e seus valores. Liberdade espiritual baseia-se na avaliação honesta e na apreciação da verdade.

"Portanto, todos nós, com o rosto descoberto, refletimos a glória que vem do Senhor. Essa glória vai ficando cada vez mais brilhante e vai nos tornando cada vez mais parecidos com o Senhor, que é o Espírito" (2 Coríntios 3:18).

arte e equilíbrio

Os organizadores o chamam de "uma competição artística radicalmente aberta."É também altamente democrática. O *ArtPrize* (Prêmio Arte) atrai artistas à minha cidade com a possibilidade de ganhar dinheiro — caso os visitantes gostem do que você criou. Entusiastas da arte caminham por centenas de exposições pela cidade, mas só podem votar em uma.

Muitos dos trabalhos são inspiradores, dignos de respeito. Uma escultura de gelo elaborada e multicolorida exigiu nove meses de trabalho. Um desenho feito a lápis de soldados de cavalaria é tão realista que é quase indistinguível de uma fotografia (foi o grande vencedor). Meu favorito foi uma escultura modelada em um maciço entrelaçado em raízes de árvore. O rosto gasto de um velho homem estende-se aos galhos que desfiguram-se em formas de animais.

Tanto talento deveria ser recompensado. No entanto, os criadores da vasta maioria destes trabalhos não receberão nada. Muitas exposições são alvo de vandalismo. "...as mais inteligentes nem sempre ficam ricas...", disse Salomão (Eclesiastes 9:11). E "...uma decisão errada pode estragar os melhores planos" (v.18).

Ainda bem que a visão terrena de Eclesiastes não é o fim da história de Deus. Se tivermos tal atitude, podemos nos frustrar diante da destruição deliberada. Por outro lado, se cremos que este mundo não tem importância, podemos pensar que a arte é desperdício de tempo.

Deus nos projetou à Sua imagem. Quando criamos obras de arte, imitamos nosso Criador. Uma alma pervertida destrói a bela arte — destruindo a obra de outro sem razão alguma. Tais atitudes são malignas.

Chegará o dia em que Deus fará "...novas todas as coisas..." (Apocalipse 21:5). Até lá, desfrutemos utilizando nossa habilidades criativas para a Sua glória. É bom — e divino — desfrutar da arte simplesmente pela arte. —Tim Gustafson

leia>

Eclesiastes 9:11-18

Pois foi Deus quem nos fez o que somos agora; em nossa união com Cristo Jesus, ele nos criou para que fizéssemos as boas obras que ele já havia preparado para nós (Efésios 2:10).

examine>

Confira no livro de Êxodo 35:30-35 para vislumbrar as opiniões de Deus sobre arte e criatividade. Leia Efésios 2:8-10 e pondere sobre como você é a obra de arte divina.

considere>

Suas filosofias são terrenas e as atitudes "celestiais" demais? De que maneira você pode alcançar o equilíbrio entre viver no mundo e seguir Jesus?

aplicação pessoal>

falso louvor

Quando Hitler procurou apaziguar-se com o ministro austríaco Kurt Von Schuschnigg elogiando e louvando-o publicamente, Winston Churchill, enojado, resmungou: "Quando uma cobra quer alimentar-se, ela primeiro cobre suas vítimas com saliva." A Bíblia chama de *bajulação* esse uso que Hitler fez do *falso* louvor — palavras ditas e ações executadas para ganhar favor de outros e vantagem sobre eles. Apesar de haver quem escreva muito favoravelmente sobre a bajulação, a Bíblia não se refere a ela em termos favoráveis. Na verdade, diz que a bajulação é enganosa.

No livro de Salmo 12, Davi lamentou o engano da bajulação. Ele pediu ajuda a Deus porque percebeu uma falha séria no caráter moral de sua própria comunidade. Um dos indicadores da falha era o fato do povo usar a bajulação para mentir e enganarem-se uns aos outros. Intencionados em obter favor e vantagem de seus vizinhos, eles usavam belas palavras de louvor e encorajamento para disfarçar as intenções repulsivas (ataques e armadilhas) de seus corações (Salmo 55:20,21; Jeremias 9:8). Davi estava tão perturbado por este engano que pediu a Deus para destruir ou silenciar todos os lábios bajuladores (Salmo 12:2). Ele pediu a Deus que intervisse porque conhecia os resultados daquele tipo de engano: profunda mágoa e relacionamentos rompidos (Provérbios 26:28; 29:5).

Em vez de bajular, deveríamos imitar as ações de Jó (Jó 32:21,22). Adotemos a honestidade e expressemos aos outros a fragrância da graciosa verdade, mesmo que isso signifique ferir os nossos amigos para refinar caráter deles (Provérbios 27:6). Somos servos de Cristo e precisamos buscar Sua aprovação e não a aprovação dos homens. Que possamos agradar a Deus, que um dia avaliará a pureza e a sinceridade de nossos corações, palavras e ações. —Marvin Williams

leia>

Salmo 12

Todos dizem mentiras uns aos outros; um engana o outro com bajulações (v.2).

examine>

Leia o livro de 2 Tessalonicenses 2:1-12 para ver como Paulo encorajou seus leitores a viver em integridade e sem bajulação nos seus relacionamentos.

considere>

De que forma a bajulação é um tipo de mentira e engano? O que você pode fazer para concentrar-se mais na aprovação de Deus ao invés de na aprovação dos outros?

aplicação pessoal>

você se identifica?

Certa vez, fiz o possível para ajudar um amigo. Meus esforços custaram-me tempo, dinheiro e energia. E o que recebi em troca quando estava tudo dito e feito? Nada. Nem mesmo um "obrigado".

Minha indignação com a falta de gratidão dele acabou repentinamente quando vi a pilha de cartões de "obrigado" em branco em minha escrivaninha. Eu havia negligenciado a tarefa de preenchê-los e enviá-los às pessoas que haviam feito muito mais por mim do que eu havia feito por meu amigo.

Antes desta descoberta, eu disse a mim mesma: *Nunca deixarei de agradecer alguém quando devido.* Os cartões em branco provaram o contrário e enfatizaram que — mais uma vez — eu precisava da repreensão encontrada no livro de Lucas 6:42: "Como é que você pode dizer ao seu irmão: 'Me deixe tirar esse cisco do seu olho', se você não repara na trave que está no seu próprio olho?..." Estou sozinha nisso, ou você também acha mais fácil encontrar falhas nos outros do que ser honesto com relação a seus próprios defeitos? As Escrituras não disfarçam o sentimento de Deus com relação à hipocrisia. Elas afirmam claramente que Ele não se agrada da falsa aparência de virtude das pessoas (Salmo 78:36,37), particularmente a expressão de nossa fé.

Jesus disse: "Ai de vocês, [...] hipócritas! Pois vocês lavam o copo e o prato por fora, mas por dentro estes estão cheios de coisas que vocês conseguiram pela violência e pela ganância" (Mateus 23:25). E ainda que pensemos que nossas falhas e nossos pecados estão ocultos, eles não estão. "Deus sabe por onde você anda e vê tudo o que você faz" (Provérbios 5:21).

Diferentemente das pessoas, Deus pode ver o que há dentro de nosso coração (1 Samuel 16:6-8). Ele não tem parte com nossa hipocrisia, mas pode nos ajudar a viver a honestidade e a integridade. —Roxanne Robbins

leia>

Lucas 6:41-43

Como é que você pode dizer ao seu irmão: "Me deixe tirar esse cisco do seu olho", se você não repara na trave que está no seu próprio olho?... (v.42).

examine>

Leia o livro de 1 Timóteo 4:2 para ver os efeitos da hipocrisia em sua consciência.

considere>

Peça a Deus que mostre uma área de hipocrisia em sua vida. De que forma você aplicará as verdades encontradas na Palavra de Deus a esta questão?

aplicação pessoal>

amigos para sempre

Há alguns anos, em honra ao dia da amizade, o ursinho Puff foi nomeado o embaixador do mundo. Aqueles familiarizados com o famoso ele de camiseta vermelha sabem que a coleção de histórias do ursinho Puff destacam as amizades que ele tem com um grupo de amigos: Leitão, Cristóvão, Tigrão, Guru, Abel e Bisonho. Juntos, o grupo passou por muitas alegrias e aventuras desafiadoras. Sobre a amizade, Puff disse certa vez: "Se chegar o dia em que não pudermos ficar juntos, guardem-me em seu coração. Estarei lá para sempre."

Salomão se colocou no lugar de um homem que não tinha companheiros e escreveu sobre a importância e o valor da verdadeira amizade: "É melhor haver dois do que um..." (Eclesiastes 4:9). Suas razões? Os amigos ajudam você a ser bem-sucedido (v.9), se importam quando você cai (v.10), fazem companhia quando você está sozinho (v.11) e o protegem quando está em perigo (v.12).

Um amigo é alguém que compartilha da alegria de seus triunfos e da dor de seus problemas (v.9). Um amigo ergue você quando você tropeça nas estradas pedregosas da vida (v.10). Um amigo caminha com você pelos vales escuros (v.11). Um amigo permanece com você para ajudá-lo a enfrentar os desafios da vida (v.12). "O amigo ama sempre e na desgraça ele se torna um irmão" (Provérbios 17:17).

Certa vez, falando sobre o amor que existe entre bons amigos, Jesus disse: "Ninguém tem mais amor pelos seus amigos do que aquele que dá a sua vida por eles" (João 15:13). E Jesus provou esta amizade por nós (Romanos 5:6-8).

Em Jesus, temos um amigo *incrível*. Mas há uma condição que precisamos considerar solenemente: Ele disse: "Vocês são meus amigos se fazem o que eu mando" (João 15:14). Que tipo de amigo você é para Ele? —K. T. Sim

leia>

Eclesiastes 4:9-12

Ninguém tem mais amor pelos seus amigos do que aquele que dá a sua vida por eles (João 15:13).

examine>

Considere o que Jesus disse sobre a Sua amizade com você no livro de João 15:13,14.

considere>

Pense em seus amigos. Quem dentre eles seria seu melhor amigo e por quê? De que forma você é amigo de Deus?

aplicação pessoal>

anjo à porta

Ele estava em pé na entrada com um sorriso aberto e evidente desconforto social. Meu amigo, deitado em sua cama de hospital após uma cirurgia, afugentou o visitante com primor utilizando respostas curtas e óbvio desinteresse. Tomé (o visitante) também era um paciente. Seu histórico e comportamento eram rudes e grosseiros. Seu endereço mais recente era uma missão local. No devido tempo, no entanto, meu amigo animou-se e mostrou a Tomé um pouco de hospitalidade. Mas só mais tarde ele percebeu: *Tomé podia ser um anjo.* Perceber que quase tinha desprezado o que poderia ter sido um presente consolador de Deus humilhou meu amigo.

Você nunca saberá quem pode aparecer à sua porta ou para jantar. Abraão certa vez viu o Senhor e dois anjos indo em direção à sua tenda (Gênesis 18:1-3). A resposta imediata? *Sara, está na hora de preparar seu melhor banquete, pois temos convidados importantes, que merecem nossa hospitalidade!* (vv.5-8).

Para Abraão, ficou cada vez mais claro que ele estava entretendo anjos (e o Senhor). O idoso patriarca se surpreendeu ao saber pelo Senhor que seria pai — algo possível pelo poder divino (vv.10,14).

Levando o exemplo de hospitalidade e compaixão de Abraão ao próximo nível, Jesus disse: "Era estrangeiro, e me receberam na sua casa [...] estava doente, e cuidaram de mim. Estava na cadeia, e foram me visitar" (Mateus 25:35,36). Indo direto ao ponto, Ele proclamou: "...quando vocês fizeram isso ao mais humilde dos meus irmãos, foi a mim que fizeram" (v.40).

Lembre-se de que quando você demonstra bondade àquela pessoa estranha ou coloca-se à disposição daqueles que necessitam de modo altruísta, pode estar ajudando anjos — talvez até o próprio Senhor! —Tom Felten

leia>

Gênesis 18:1-15

Não deixem de receber bem aqueles que vêm à casa de vocês; pois alguns que foram hospitaleiros receberam anjos, sem saber (Hebreus 13:2).

examine>

No evangelho de Lucas 14:12-14, Jesus diz ao anfitrião de um jantar (e a nós) que tipo de pessoa deveria receber hospitalidade. Perceba o que Deus fará por aqueles que seguem a instrução de Jesus.

considere>

A sua percepção das pessoas se altera ao perceber que elas podem ser anjos? De que maneira você ajudará alguém hoje?

aplicação pessoal>

sabedoria aprimorada

Um casal venceu a pobreza investindo suas vidas num negócio bem-sucedido, para simplesmente vê-lo falir em 1992. Na época, ele disse: "Minha filosofia sobre dinheiro é simples: é importante, mas depende da forma como você o consegue [...]. Nunca tive medo de trabalho pesado."

Pessoas mais velhas podem nos ensinar muito sobre a vida. Elas viveram mais tempo e passaram por mais picos e vales na vida. Infelizmente, Roboão, o recém-coroado rei falhou ao não reconhecer a importância de buscar conselho de um sábio experiente.

No livro de 1 Reis 12:3,4, toda a assembleia de Israel tinha vindo com uma petição (ou melhor, uma ameaça). Eles pediram a Roboão que aliviasse seu trabalho pesado e os altos impostos, oferecendo em retorno sua lealdade. O que estavam dizendo na verdade era: *Se você não aceitar nosso pedido, nos revoltaremos. Veja, temos Jeroboão conosco. O homem que segundo a promessa de Deus governará dez das tribos* (11:31).

Roboão entendeu a seriedade da situação e pediu três dias para pensar. Ele então consultou sabiamente os homens idosos (12:6). Talvez tenha feito devido ao respeito, mas não ouviu à sabedoria dos idosos. Na verdade, ele rejeitou o conselho deles e aceitou o conselho de jovens com quem havia crescido (v.8).

A pressão para liderar bem pode ser uma enorme perturbação para grandes líderes. Salomão, o pai de Roboão, foi mencionado pelo menos nove vezes nos primeiros 20 versículos de 1 Reis 12. Distraído pela pressão de provar do que era capaz, Roboão ignorou as verdadeiras palavras de sabedoria.

As Escrituras ensinam que a sabedoria está com os "...velhos [...], pois a idade traz a compreensão" (Jó 12:12). Nunca deixe seu orgulho tolo ficar no caminho do conselho sábio de alguém mais velho que você. —Poh Fang Chia

leia>

1 Reis 12:1-20

Mas Roboão não seguiu o conselho dos homens mais velhos e foi falar com os jovens que haviam crescido junto com ele e que agora eram os seus conselheiros (v.8).

examine>

Leia o livro de Provérbios 5:7-14 para receber o conselho sábio de um pai para seus filhos.

considere>

Quem são seus conselheiros? Por que é importante voltar-se para uma pessoa bondosa e mais velha para receber conselho?

aplicação pessoal>

Deus está próximo

Em outubro de 2010 o mundo assistiu — torcendo, chorando e rindo de alívio e alegria — quando 33 mineradores chilenos foram retirados de uma profunda e cavernosa prisão. Por mais de dois meses, estes homens apegaram-se à esperança e à vida no subsolo. As equipes de resgate tinham inúmeras preocupações ao prepararem-se para o resgate: Será que a bolsa de escape funcionaria? Os homens sofreriam hipertensão ao serem elevados à superfície? Teriam coágulos sanguíneos? Teriam ataques de pânico? "Esta é a primeira vez em muitas semanas que os mineradores ficarão completamente sozinhos", disse o ministro da saúde do Chile.

Sabemos como é sentir-se sozinho. Talvez você tenha sido abandonado por um de seus pais ou um amigo. Você pode se sentir sozinho. Na multidão, sentir-se isolado. Deus, no entanto, nos convida para um relacionamento, para uma amizade. "...venham a mim..." Deus diz (Isaías 55:3). Ele nos convida para sair do isolamento e desenvolver um relacionamento com Ele.

Quando vamos a Deus, somos sempre recebidos com braços abertos. Diferente de outros relacionamentos que conhecemos, o amor de Deus não se baseia em cumprirmos Suas expectativas ou em lhe darmos algo. Ele apenas ama — completa e inteiramente, sem hesitação. Deus faz uma promessa a Seu povo, "...uma aliança perpétua..." de amor infalível (v.3).

Esta aliança eterna tem Jesus como sua expressão maior, que veio até nós e nos trouxe Deus, com Sua vida e perdão. Nós não fomos até Ele. Em Jesus, Deus nos alcançou. Nós não nos aproximamos dele. Em Jesus, Deus se aproximou de nós.

"Procurem a ajuda de Deus enquanto podem achá-lo...", Isaías diz, "...orem ao SENHOR enquanto ele está perto" (v.6). As boas-novas são de que em Jesus, "...Deus está conosco" (Mateus 1:23). —Winn Collier

leia>

Isaías 55:1-7

Procurem a ajuda de Deus enquanto podem achá-lo... (v.6)

examine>

Continue lendo o livro de Isaías 55. Perceba o paradoxo nos versículos 8 e 9. Em que sentido Deus está longe de nós mesmo quando está perto?

considere>

Em que área você experimenta isolamento e solidão? De que maneira o convite de Deus para experimentar Sua proximidade o consola?

aplicação pessoal>

prova de fé

O renomado ateu Christopher Hitchens estava morrendo. Ele admitiu que décadas de abuso de bebidas e cigarro lhe causaram câncer do esôfago, e agora estava diante do regime brutal da quimioterapia e prognóstico sombrio. Seus cabelos ralos, olhos cansados e voz falha e seca eram sinais de um homem vencido — no entanto, ele calmamente reafirmou sua descrença em Deus.

Hitchens disse que outros podiam até orar por sua recuperação se quisessem, mas ele não acreditava que tal "encantamento" fizesse diferença. Somente oraria se o câncer se espalhasse pelo seu cérebro e o tornasse uma "pessoa delirante e apavorada." Enquanto, ele estivesse em seu juízo perfeito, ele "não faria parte disso."

Apesar de sua reação trágica, Hitchens havia tocado em um ponto importante: *Oração é prova da fé*. O Salmo 14 declara: "Os tolos pensam assim: 'Para mim, Deus não tem importância'" (v.1), e eles demonstram comprometimento com o ateísmo ao recusar-se a orar.

Se alguém prova sua falta de fé ao não orar, como nós, cristãos, demonstramos nossa fé? João Calvino observou: "O principal exercício que os filhos de Deus têm é a oração; pois fornecem prova verdadeira de sua fé." Ele acrescentou que alguém que não corra para Deus o desonra "como se criasse novos deuses e ídolos, já que agindo assim nega que Deus é o autor de tudo o que é bom."

Podemos dizer que cremos em Deus, mas se conseguimos chegar ao fim do nosso dia sem oração, em que somos diferentes de Hitchens? Reserve tempo para conversar com Deus hoje. Peça o que precisar a Ele, ore pelo que estiver em seu coração e dê graças ao louvá-lo. —Mike Wittmer

leia>

Salmo 14:1-7

Os tolos pensam assim: "Para mim, Deus não tem importância" [...] e não oram a [Deus](vv.1,4).

examine>

Leia o livro de Mateus 6:5-18 e 7:7-11 e escreva três coisas que você deveria fazer enquanto ora.

considere>

O que suas orações revelam sobre sua fé em Deus? De que maneira você deveria reagir caso não receba o que pediu?

aplicação pessoal>

buscando e seguindo

No livro de Marcos 10, acompanhamos as vidas de dois homens. Eles não poderiam ser mais diferentes financeiramente. Espiritualmente, eles tinham muito em comum.

Um homem é rico e tem todas as necessidades supridas (Marcos 10:22); e o outro um homem cego que mendiga comida (10:46). O rico aborda Jesus despreocupadamente; o pobre clama nas multidões para ser ouvido (vv.47,48).

O homem rico ajoelha-se e pede vida eterna (v.17); o homem pobre senta em sua esteira suplicando misericórdia (v.47). Um é amado (v.21); o outro afirmado (v.49). Ambos têm a chance de passar tempo com o Mestre.

Jesus fala com o homem rico sobre obedecer a Lei. "Mestre, desde criança eu tenho obedecido a todos esses mandamentos!" (v.20). E ao homem pobre, Jesus pergunta o que ele quer: "...Mestre, eu quero ver de novo!" (v.51). Ao primeiro homem foi dito que vendesse tudo o que tinha e desse aos pobres — uma ordenança que considerou severa demais (vv.21,22). O segundo, diferentemente, deixou de lado seu único casaco (v.50) e experimentou a cura (v.52). Ao homem rico foi dito que vendesse suas posses, mas ele recusou (vv.21,22); ao homem pobre foi dito que "fosse" em fé e ele seguiu (v.52). O homem rico vai embora triste; o homem pobre se torna discípulo.

Muitas lições surgem dessas duas histórias — a saber, aquela riqueza pode ser um ídolo que nos mantém distantes de Deus (v.25). Mas perceba as similaridades novamente: Os dois homens tinham uma necessidade e pensavam que Jesus possuía a resposta, e ambos receberam o Seu amor. Mas somente um deles abandonou sua vida para seguir Jesus.

Jesus ama a todos. A tragédia é a seguinte: Seu amor por nós não garante que o amaremos. Façamos mais do que simplesmente buscá-lo — vamos segui-lo. —Sheridan Voysey

leia>

Marcos 10:17-31,46-52

Vá; você está curado porque teve fé! — afirmou Jesus. No mesmo instante, Bartimeu começou a ver de novo e foi seguindo Jesus pelo caminho (v.52).

examine>

Compare a história do homem cego com a de Tiago e João pedindo a Jesus que lhes desse os melhores lugares no reino (10:35-45). Como os dois pedidos e as reações de Jesus diferem entre si?

considere>

O que Jesus pediu a você que abandonasse para segui-lo? Qual é a diferença entre buscar e seguir?

aplicação pessoal>

visão embaçada

Há muitos anos, ela ficava após o final do estudo bíblico para falar sobre suas dificuldades como mãe. Com uma filha quase na pré-adolescência, ela oscilava entre tomar decisões que fariam sua filha sentir-se diferente de seu grupinho e desejar que a jovem "se encaixasse", para assim evitar a rejeição social pelo qual ela, a mãe, havia passado na adolescência. Sua filha acabou "se encaixando" bem demais. Linda e talentosa, ela namorou um garoto carismático e popular. Ela tinha tudo. Tudo, menos sua virgindade.

Meu marido e eu, por ministrarmos durante anos a jovens, observamos muito sobre cuidados paternais e maternais sem estarmos envolvidos. Ainda educando nossos dois filhos, estamos longe de ter todas as respostas. Infelizmente, no entanto, assistimos sentados na primeira fileira a algumas situações em que pais abandonaram a responsabilidade de proteger seus filhos em troca da aceitação de seus adolescentes pelo grupo.

Antes de podermos tomar decisões realmente altruístas por nossos filhos, precisamos enfrentar nossas inseguranças. Se vemos as situações por meio de nossas cicatrizes, somos tentados a negligenciar algo que precisa ser tratado. Isto porque nos apegamos ao fato de que nosso filho ganhou algo (ou alguém) que não tínhamos.

No livro de Provérbios 29, Salomão nos lembra do princípio bíblico de que o pastoreio nem sempre é confortável e indolor (João 10:12-15). Geralmente exige que arrisquemos a ira daqueles que amamos dando-lhes a sabedoria (Provérbios 29:15) e a orientação (v.18) que preservarão sua saúde física, emocional e espiritual.

Lembremo-nos do propósito e do privilégio que temos em orientar outros, como pais ou algo do tipo — de vê-los crescer na semelhança de Cristo. Liderar exige visão clara e não embaçada. —Regina Franklin

leia>

Provérbios 29:15-21

É bom corrigir e disciplinar a criança... (v.15).

examine>

Leia os livros de Tiago 4:4,5 e 1 João 2:15-17 para ver a importância de criar nossos filhos de maneira que sejam diferentes da cultura do mundo.

considere>

Quais foram as inseguranças que você enfrentou na adolescência? Como sua experiência pode ajudá-lo a tomar decisões sábias?

aplicação pessoal>

trenó de resistência

Em férias no Alasca, nossa família visitou os canis que abrigavam os cães de trenó. Pudemos observar e aprender sobre estes incríveis cães que ajudam os guardas-florestais na patrulha do Parque Nacional local durante longos e severos meses de inverno.

Foi intrigante descobrir sobre a incrível resistência daqueles animais. Patrulhas utilizam esses cães incansáveis durante até seis semanas — e os cães sempre mais do que dispostos. Os *huskies* do Alasca vivem para correr e puxar. O único problema é que eles não sabem quando parar. Os patrulheiros precisam fazê-los parar para descansar. Caso contrário, eles simplesmente correriam até morrer.

Talvez seja o meu amor por cães, mas enxerguei um paralelo com a minha vida que é surpreendente. Também amo "correr" e "puxar" meu próprio peso. Sou o tipo de pessoa que tipicamente está pronta para a próxima atividade e tem problemas em desacelerar e descansar. Na verdade, minha família chama minha atenção quando como apressadamente e em pé.

A necessidade de descanso de um cão de trenó ecoa nas palavras de Davi no Salmo 23: "O SENHOR é o meu pastor: nada me faltará. Ele me faz descansar em pastos verdes e me leva a águas tranquilas. O SENHOR renova as minhas forças..." (vv.1-3). Esta é uma descrição maravilhosa do amor cuidadoso de Deus por nós. Muito frequentemente, no entanto, corro tanto que Ele não consegue restaurar meu coração cansado. É por isso que preciso de um Pastor sábio e amoroso que diga: "—Venham a mim, todos vocês que estão cansados de carregar as suas pesadas cargas..." (Mateus 11:28).

A intenção de Deus é que trabalhemos e carreguemos nosso próprio peso (Gênesis 2:15). Mas Ele também sabe que precisamos de descanso ou nos debilitaremos.

Jesus, que possamos aprender a responder ao Seu chamado para o descanso. —Jeff Olson

leia>

Mateus 11:28,29

—Venham a mim, todos vocês que estão cansados de carregar as suas pesadas cargas, e eu lhes darei descanso (v.28).

examine>

Leia o livro de Salmo 62 para aprender sobre como devemos descansar em Deus e esperar que Ele trabalhe em nossas situações difíceis.

considere>

De que maneira você está buscando a restauração de Deus para a sua alma? O que você fará esta semana para experimentar Sua paz e presença?

aplicação pessoal>

espantalhos sagrados

Enquanto perambulava pelo festival anual de espantalhos em uma cidade vizinha, o cheiro de massa frita, pipoca e cachorro-quente estavam no ar. Muitos espantalhos imitando diferentes personagens — atletas, piratas, fazendeiros, líderes de torcida — estavam dispostos em plataformas para que todos admirassem. Pensei em Jeremias quando ele ordenou aos os israelitas a não admirarem os deuses das nações vizinhas. Ele disse: "Esses ídolos não podem falar: são como um espantalho numa plantação de pepinos..." (Jeremias 10:5). Ele argumentou contra a adoração de ídolos e aqui estão alguns de seus pontos principais: Ídolos são inúteis. Eles não podem nos fazer mal ou bem (v.5). Nós deveríamos adorar a Deus porque "...o SENHOR é verdadeiramente Deus..." (v.10).

Os ídolos não estão vivos. "...não podem falar..." e nessas imagens "...não há fôlego" (Jeremias 10:5,14). Deveríamos adorar a Deus porque Ele "...é o Deus vivo..." (v.10) que ...é o Criador de todas as coisas... (v.16).

Ídolos podem ser destruídos. Eles "...desaparecerão da terra e de debaixo destes céus" (Jeremias 10:11). "Serão destruídos..." (v.15). Deveríamos adorar a Deus porque Ele é "...o Rei eterno..." (v.10).

Nada deveria competir com nossa devoção a Deus. Ainda assim, como o povo que vestiu seus ídolos, "...azuis e púrpuras são as suas vestes; todos eles são obra de homens hábeis" (v.9), nós decoramos nossas casas, seguimos celebridades e polimos nossos veículos com dedicação tal que os tornamos em algo como "deuses" (v.11).

O tratamento para nossa luta com "espantalhos sagrados" é lembrar que Deus é o único digno de nossa devoção e louvor. Meditar em Seu poder, natureza eterna e desejo de nos conhecer pessoalmente nos ajudará a seguir o primeiro dos Dez Mandamentos: "Não adore outros deuses; adore somente a mim" (Êxodo 20:3). —Jennifer Benson Schuldt

leia>

Jeremias 10:1-16

Esses ídolos [...] são como um espantalho... (v.5).

examine>

Leia o livro de Colossenses 3:1-3 para ver como obter vitória sobre ímpetos idólatras. E o livro de Jó 31:26-28 para entender como a idolatria afeta nosso relacionamento com Deus.

considere>

Por que é mais difícil identificar a idolatria na modernidade do que era nos dias de Jeremias? Como garantir que Deus tenha Seu lugar legítimo em nossas vidas?

aplicação pessoal>

a verdade

A inocência de nosso jovem filho estava diminuindo consideravelmente. Ele tinha começado a prestar atenção aos comerciais de televisão. Coforme assistia aos anúncios, lentamente começou a perceber que nem tudo o que alegavam era verdade. *Os brinquedos nunca são tão entusiasmantes como os comerciais retratam. Os tênis nunca fornecem a empolgação ou fator atrativo que o anúncio sugere.* Finalmente, ele disse de modo bem direto: "Pai, eles não deveriam permitir anúncios falsos."

Vivemos em um mundo repleto de anúncios falsos. Estamos imersos no pecado e um dos efeitos dele é que acreditamos na mentira e não na verdade (Romanos 1:18-25). O evangelho é a obra de Deus para derrotar a mentira. Mais do que simplesmente um caminho para o céu, é a forma de Deus nos ajudar a ver o que é verdade.

Quando pensamos em "verdade", alguns fatos normalmente vêm à nossa mente. Pensamos em informação, sugestões, especificidades. Tudo isso é importante, mas as Escrituras apontam para a verdade como uma pessoa. Ela está encarnada em Jesus. Em um dos vários momentos em que os discípulos de Jesus ficaram perplexos com Seu ensino, Tomé perguntou: "Senhor, nós não sabemos [...]. Como podemos saber...?" (João 14:5). Em outras palavras: *Como podemos saber o que é verdade nisto?*

Jesus respondeu: "...Eu sou o caminho, a verdade e a vida..." (v.6). Ele não respondeu com um argumento lógico ou um teorema filosófico. Jesus não apontou à consciência interna dos discípulos ou às suposições morais que compartilhavam. Ele simplesmente colocou-se diante deles, apontou para si mesmo e, em essência, disse: "É aqui que vocês descobrem a verdade."

Deus entrou em um mundo repleto de mentiras e engano para nos mostrar o que é verdade, no que podemos saber e no que podemos confiar. O Pai nos deu Jesus. —Winn Collier

leia>

João 14:1-14

Eu sou [...] a verdade... (v.6).

examine>

Leia a conversa de Jesus com os discípulos no livro de João 14:23-29. Perceba a verdade que Ele revela sobre Deus Pai.

considere>

Em que área você se sente mais confuso com relação ao que é verdade e o que é falso? Como Jesus o ajuda em sua confusão?

aplicação pessoal>

consciência limpa

O antigo dono de nossa casa comprou uma cerca invisível para evitar que seu cachorro corresse para a rua. A "cerca" consiste em um fio enterrado abaixo da superfície, colocada ao redor do perímetro do jardim. Quando o cachorro se aproximava do fio, o colar especial que ele usava emitia um som, avisando-o que o fim de seu espaço para vaguear estava próximo. Se o canino continuasse, o colar lhe daria um choque elétrico.

A consciência de uma pessoa é semelhante a um colar desse tipo. Ela é a faculdade interna que nos informa quando estamos próximos demais do território moral proibido (Romanos 2:14,15). É uma bússola moral dada por Deus.

Jó, em meio a grande dor, sofrimento e amargura da alma (Jó 27:2), comprometeu-se a manter sua consciência limpa diante de Deus (vv.3-6). Tendo sofrido tragédia após tragédia, pareceria justificável ele reclamar e amaldiçoar comprometendo, seus princípios e até mesmo sua fé em Deus. Ninguém o teria culpado caso ele tivesse agido assim. Mas ele manteve sua retidão e integridade.

Ainda que a consciência de um cristão seja considerada uma bússola moral razoavelmente acurada, não é completamente confiável. De acordo com o autor de Hebreus, a única forma de ser completamente limpo é por meio do sangue purificador de Jesus (Hebreus 9:9,14).

Então, como podemos manter a consciência limpa diante de Deus e dos outros? Vivendo em santidade, integridade, sabedoria divina e sinceridade (2 Coríntios 1:12; 4:2; 1 Tessalonicenses 2:10). Podemos também convidar outros cristãos a orarem para que mantenhamos a consciência limpa (Hebreus 13:18).

Finalmente, ao apresentar nossa consciência consistentemente à perfeita e honesta avaliação de Deus (1 Coríntios 4:4), sua clareza refletirá a santidade e a retidão que Ele deseja. —Marvin Williams

leia>

Jó 27:1-6

Fico firme e não desisto de dizer que estou certo, pois a minha consciência nunca me acusou (v.6).

examine>

Leia no livro de Gênesis 20, a história de Abraão e do Rei Abimeleque, e perceba como a consciência do rei foi afetada.

considere>

O que sua consciência diz a você? De que maneira você precisa viver para estar diante de Deus e de outros com a consciência limpa?

aplicação pessoal>

esteja perto

Em um verão, minha esposa e eu fomos cerimonialistas de três casamentos. Nós não apenas consideramos a hipótese de fazer disso um trabalho de tempo integral (brincadeirinha!), mas também apreciamos ajudar os casais a planejar algo que refletisse quem eles são.

Deus projetou o casamento de uma forma que reflete quem *Ele é*. O Senhor disse: "...Não é bom que o homem viva sozinho..." (Gênesis 2:18), revelando a perfeita unidade e intimidade que o Pai, o Filho e o Espírito Santo compartilham como membros da trindade (Lucas 3:22).

Deus criou uma noiva para Adão e trouxe-a até ele (Gênesis 2:21,22). A intimidade e unidade que este primeiro homem experimentou com sua bela esposa são vistas nas palavras do poema composto naquele exato momento: "...Agora sim! Esta é carne da minha carne e osso dos meus ossos..." (v.23). Seu relacionamento refletia a unidade da trindade pois estavam unidos em amor (v.24).

Os três casais que minha esposa e eu auxiliamos entraram em seu novo relacionamento como marido e mulher em unidade e altas esperanças. O que eles eventualmente encontrarão, no entanto, são elementos da vida que podem surgir entre eles. Imagine um casal de mãos dadas olhando um para o outro. Conforme coisas boas (como filhos) e difíceis (lutas financeiras, doença, longas horas de trabalho) preenchem o espaço entre eles, ambos podem ser afastados até que soltem as mãos.

Caso isso aconteça, o casamento pode se tornar um lugar de solidão. Portanto hoje, se você é casado, vá até seu cônjuge. Lembre-se de que Deus deu a você essa pessoa para que você não "estivesse sozinho" (v.18) e para que vocês estivessem "unidos" a fim de retratar nosso Deus trino (v.24). No Pai, no Filho e no Espírito Santo encontramos o exemplo perfeito do que significa verdadeiramente estar perto. —Tom Felten

leia>

Gênesis 2:18-24

...Agora sim! Esta é carne da minha carne e osso dos meus ossos... (v.23).

examine>

Leia o livro de Malaquias 2:14-16 e entenda melhor o desejo de Deus de que permaneçamos fiéis a Ele e, se casados, ao cônjuge. O que você fará para aproximar-se de seu cônjuge nesta semana?

considere>

Como a intimidade e o amor da trindade o ajudam a entender melhor a profundidade de seu relacionamento com Deus?

aplicação pessoal>

subestimando Deus

N*ão vou fazer parte da equipe de corrida*, disse para mim mesmo inúmeras vezes durante meus anos escolares. Mas todos os anos, na temporada de corrida, lá estava eu.

Por que eu tinha uma relação de amor e ódio com a corrida? *O treinamento!* Durante a prática, nós atingíamos nossos limites físicos e nos empenhávamos para chegar à perfeição. E isso trazia dificuldade e desconforto, mas também bom estado físico, algo que não experimentara antes. Assim, apesar de eu não gostar de correr, era algo bom para mim.

Há outro tipo de treino que é muito mais importante do que corrida — *treinamento em compaixão*. Precisamos ser pessoas que caminham fielmente com Deus todos os dias. Como fazemos isso? Bem, a palavra *treino* nos dá uma pista. Veja, nós não somos simplesmente levados pela correnteza até a compaixão. Como o treinamento para a corrida, é necessário darmos passos intencionais e focados para que cheguemos lá.

Cuide de sua dieta. Do que você tem se alimentado? Horário nobre da televisão? Romances mais vendidos? O apóstolo Paulo incitava Timóteo a preencher-se com a mensagem de fé e sã doutrina (1 Timóteo 4:6). Logo ler a Palavra de Deus e alimentar-se de literatura cristã sólida é um bom começo. Você precisa realmente acreditar e aplicar as verdades da Palavra de Deus em sua vida.

Use bem o seu tempo. Paulo disse a Timóteo: "Mas não tenha nada a ver com as lendas pagãs e tolas..." (v.7). Do mesmo modo, você não pode simplesmente desejar ter tempo para ler a Bíblia, orar e meditar — você tem que escolher um momento e permanecer firme.

Faço caminhadas frequentes com Deus. No caminho, gosto de ouvir sermões ou simplesmente orar. Estes "exercícios" são ótimos para o meu corpo e espírito. Comece seu programa de exercício espiritual hoje! —Poh Fang Chia

leia>

1 Timóteo 4:6-16

Pois os exercícios físicos têm alguma utilidade, mas o exercício espiritual tem valor para tudo porque o seu resultado é a vida, tanto agora como no futuro (v.8).

examine>

Leia o livro de Salmo 1:1-3 para aprender a olhar com bons olhos alguém que é "treinado" na piedade.

considere>

Entre as pressões e demandas do dia, quando você tomará tempo para treinar-se na piedade? Que novo "exercício" você adicionará a sua dieta? Por quê?

aplicação pessoal>

ainda melhor

A mensagem de texto de meu irmão foi sucinta: "Papai acabou de falecer. Venha para o hospital agora." Meu pai, de 84 anos, havia estado entre a vida e a morte por dois meses. Ele finalmente dera seu último suspiro; perdera sua batalha contra o câncer, e perder meu pai me entristeceu profundamente. No entanto, eu também me alegrei, pois ele não havia realmente perdido a batalha, tinha vencido-a decididamente. Há 25 anos ele entregara sua vida a Jesus e recebera algo "muito melhor" (Filipenses 1:23). E agora, papai tinha ido para casa viver para sempre com seu Senhor (1 João 5:11,12).

Paulo estava na prisão em Roma esperando pelo resultado de seu apelo a César (Filipenses 1:13; 4:22; Atos 25:11). Com os cristãos filipenses orando por ele (Filipenses 1:19), Paulo acreditava que seria logo liberto e que deveria continuar ministrando a eles (vv.25,26; 2:24). Para o bem do povo, era necessário que Paulo permanecesse deste lado do céu (vv.21,22,24). Mas o apóstolo ansiava por estar com Deus, pois sabia que estaria "muito melhor" (v.23).

Para Paulo, a questão crucial não era viver ou morrer. Era manter seu testemunho fiel e testemunhar por Jesus. Os objetivos de Paulo eram continuar "com toda ousadia" em favor de Cristo, de modo a desenvolver frutos provenientes de seu trabalho e assim "...tanto na vida como na morte, [poder] levar outros a reconhecerem a grandeza de Cristo" (vv.20,22).

Meu pai tinha os mesmos objetivos. Durante os últimos 25 anos de sua vida, ele lutou para trazer honra a Jesus; viveu ousadamente para Ele e experimentou a alegria de sua fé (v.25) mesmo em meio ao doloroso câncer. Esse foi o exemplo e o legado de meu pai (Romanos 5:3-5). Ele poderia dizer com Paulo: "Pois para mim viver é Cristo, e morrer é lucro" (Filipenses 1:21). —K. T. Sim

leia>

Filipenses 1:19-25

Pois para mim viver é Cristo, e morrer é lucro (v.21).

examine>

Leia os livros de João 14:1-6 e Lucas 23:43 para ver que tipo de futuro Jesus prometeu àqueles que creem nele.

considere>

De que forma você se esforçará para honrar a Jesus nos dias que lhe restam? (Filipenses 1:20). Que "trabalho frutífero para Cristo" você fará? (v.22).

aplicação pessoal>

o único caminho?

Meryl Streep atuou como uma freira no filme *Dúvida*, e pediram a opinião dela sobre religião. Ela respondeu que os ensinos de várias religiões "formam algo como uma cerca que nos separa uns dos outros", e que como mãe ficava "indignada com a ideia de que se você não é membro de uma igreja, templo, *ashram*, sinagoga ou — o que mais existe por aí — você está negando o significado da vida. Sinto que sou uma pessoa profundamente moral. Mas a religião frequentemente é um clube do qual pessoas são excluídas."

Os comentários de Meryl ressoam em nossa geração. O maior valor de nossa cultura é a inclusão — queremos que todos sintam que pertencem. Ainda que este seja um objetivo nobre, pode tornar-se tolo quando todas as crianças recebem troféus por participarem, e pode se tornar perigoso quando pensamos que todas as religiões levam a Deus.

Jesus é o único caminho para a vida, porque somente Ele pode curar nossa doença do pecado. Esse era o ponto de Pedro em Atos 4 ao dirigir-se ao líderes religiosos. O homem aleijado foi curado "...em nome de Jesus Cristo...", logo, "não há no mundo inteiro nenhum outro [...] por meio do qual possamos ser salvos" (Atos 4:10,12).

A insistência de Pedro de que Jesus é o único caminho atinge as pessoas de uma entre duas maneiras. Se elas creem que as pessoas são basicamente boas, pensarão que é desamoroso insistir que todos devem crer em Jesus. Mas se concordarem com as Escrituras e com o fato de que todos são pecadores (Romanos 3:10-12), entenderão que todos precisam de um Salvador.

Não é qualquer caminho que servirá. Pois nós que somos aleijados pelo pecado não podemos dar um passo sequer para a justiça sem a ajuda de Deus. Precisamos de alguém que nos cure e só há um candidato para este trabalho. Seu nome é Jesus. — Mike Wittmer

leia>

Atos 4:1-22

A salvação só pode ser conseguida por meio dele. Pois não há no mundo inteiro nenhum outro que Deus tenha dado aos seres humanos, por meio do qual possamos ser salvos (v.12).

examine>

Aprenda sobre o problema do pecado no livro de Salmos 51:1-11; 53:1-3 e leia o evangelho de Mateus 9:12,13 para saber a solução de Deus.

considere>

É comum achar que um Deus amoroso não exige que os pecadores creem em Jesus. Como isto desrespeita Jesus e o que Ele fez por nós? Quem Jesus é para você?

aplicação pessoal>

guia infantil

Quatro milhões de recém-nascidos morrem todos os anos no primeiro mês de vida e 8,8 milhões antes do primeiro aniversário. Outros 19 milhões de bebês nos países em desenvolvimento nascem abaixo do peso e 148 milhões com menos de 5 anos sofrem subnutrição. Há 101 milhões de crianças fora da escola e dois milhões são portadoras de HIV. Estes números gigantescos representam rostos e personalidades.

As crianças também sofriam nos dias de Jesus. No livro de Marcos, elas são retratadas como doentes ou oprimidas (5:35-43; 7:24-30; 9:14-27). Naquela época a criança era considerada menos importante que um adulto.

Os discípulos afastaram as crianças e seus pais de Jesus (10:13). *Um mestre tão importante não deveria ser incomodado por meras crianças!* Mas Jesus se indignou com o comportamento deles, observando que as crianças têm um lugar especial em Seu reino (v.14). Ele envolveu as crianças com Seus braços e as abençoou (v.16).

Esta demonstração de afeição e compaixão por crianças era controversa para um rabi, mas Jesus foi mais longe. Ele fez das crianças um modelo para os adultos. "Eu afirmo a vocês que isto é verdade: quem não receber o Reino de Deus como uma criança nunca entrará nele", afirmou (v.15). Isto era algo impensável de se dizer nos dias de Jesus. Crianças eram para ser guiadas e não seguidas.

O amor radical de Jesus pelas crianças significa duas coisas para aqueles que o seguem hoje. Primeiro, deveríamos trabalhar para ver estas estatísticas da UNICEF mudarem. Jesus resgatou crianças da doença e da opressão e as recebeu em Seus braços. Nós deveríamos fazer o mesmo.

Segundo, deveríamos imitar a fé das crianças. O reino de Jesus não é merecido ou alcançado, mas é um presente. Nisto, Jesus diz, as crianças podem ser nosso guia. —Sheridan Voysey

leia>

Marcos 10:13-16

Então Jesus abraçou as crianças e as abençoou, pondo as mãos sobre elas (v.16).

examine>

Leia a história da filha do chefe da sinagoga no livro de Marcos 5:35-43 e da cura do menino possesso por demônios (9:14-27). Veja como Jesus tratou ambas crianças com ternura.

considere>

Jesus discordava do maltrato para com as crianças. Com que frequência você se incomoda com isto? A que ponto você confia em Jesus?.

aplicação pessoal>

obra nossa?

Como professora, acho a Idade Média fascinante e desconcertante. Um pilar fixo no cânone da literatura, *Os contos de Cantuária*, de Chaucer, mostram vividamente a confiança da humanidade nas práticas externas às custas do coração. Em minha mente do século 21 biblicamente alfabetizada, me questiono como as pessoas puderam se tornar tão dependentes de obter relíquias para seu bem-estar. Acho um pouco tediosa a ideia de orar por perdão de pecados já pagos com o sangue de Jesus. Mas então reflito em minha própria humanidade, minhas próprias práticas de afirmação.

Firme na obra que Cristo completou, Paulo nos adverte a nos familiarizarmos com o mesmo poder valoroso de Cristo que triunfou sobre os poderes das trevas (Colossenses 2:12-15) e para confiarmos não em nossos esforços mas em Sua obra transformadora (vv.9,10).

Se a salvação não acontece por meio de habilidade humana (v.11), então nossa santificação não vem por nossos esforços. Somos transformados por meio de Deus trabalhando em nós (1 Tessalonicenses 5:23,24). Nossas obras de fé revelam a condição de nosso coração e nos impulsionam a crescermos espiritualmente, mas elas não podem tornar limpo um coração imundo (Efésios 2:8; Tiago 2:17-26).

Em um mundo tão dependente do visível, precisamos determinar nossas motivações. Disciplinas espirituais e envolvimento ministerial são partes vitais da caminhada espiritual saudável. Mas se acreditarmos que qualquer uma destas práticas nos garante segurança, perdemos o foco principal. Jesus nos chamou para crescer "...como Deus quer que [cresçamos]" (Colossenses 2:19), e não para negócios espirituais. A diferença entre os dois é a diferença entre intimidade com Jesus e uma religião "defraudadora" e "concentrada em si mesma" (vv.18,23).
—Regina Franklin

leia>

Colossenses 2:6-19

Estejam enraizados nele, construam a sua vida sobre ele e se tornem mais fortes na fé, como foi ensinado a vocês. E deem sempre graças a Deus (v.7).

examine>

Leia o livro de Marcos 7:1-15 para ver a diferença entre o comportamento externo e a condição interna do coração. Por que a religião customizada é tão perigosa para o bem-estar espiritual?

considere>

Qual é a diferença entre ações religiosas vazias e verdadeiras atitudes que vêm da fé íntima em Deus?

aplicação pessoal>

rede de segurança

Um amigo meu comprou uma cama elástica para seus filhos. Após montá-la, as crianças começaram a implorar intensamente para que ele os deixasse experimentar. Ele relutou, mas deixou-os subir na cama elástica e disse a eles para serem cuidadosos porque ele não havia instalado a rede de segurança que vai ao redor. Então seus filhos cuidadosamente engatinharam até o meio da lona e começaram a pular timidamente para cima e para baixo.

Mais tarde, meu amigo instalou a rede de segurança. E novamente, seus filhos subiram na cama elástica. Nesta vez, entretanto, eles não se controlaram. Na verdade, pularam loucamente por todos os lados. A proteção da rede lhes deu confiança e liberdade para se soltarem e realmente aproveitar o brinquedo.

Isto me lembra do projeto de Deus para o sexo. Nossa cultura secular saturada de sexo, sugere de forma sutil e grita ostensivamente que a maneira de se satisfazer é simplesmente livrar-se de toda restrição sexual. Mas a única maneira de aproveitarmos por completo o presente do sexo é dentro dos limites do plano pretendido por Deus.

Deus não coloca limites arbitrariamente para a atividade sexual. Quando Sua Palavra nos alerta: "...fiquem livres da imoralidade" (1 Tessalonicenses 4:3) ou "...as paixões carnais que estão sempre em guerra contra a alma" (1 Pedro 2:11), estas não são regras legalistas para anular e escravizar o espírito (2 Coríntios 3:6; Gálatas 5:1). Ele coloca limites amorosos porque sabe que o sexo fora de Seu plano, no fim das contas, leva à imensa tristeza, ao sofrimento e à vergonha.

Ao invés de nos impedir, a "rede de segurança" de Deus nos leva à obediência apaixonada e alegre sobre a qual Davi escreveu no Salmo 119:32: "Eu me apresso em obedecer aos teus mandamentos porque assim tu me darás mais entendimento." —Jeff Olson

leia>

1 Tessalonicenses 4:1-8

O que Deus quer de vocês é isto: que sejam completamente dedicados a ele e que fiquem livres da imoralidade (v.3).

examine>

Veja no livro de 1 Coríntios 6:18 porque o pecado sexual é tão destrutivo.

considere>

De que maneira você é instado a pisar fora dos limites de Deus? Somos poupados de sofrimento ao reservar o sexo para o casamento?

aplicação pessoal>

predador e presa

Observei a uma joaninha devorar um pulgão. Ela perfurou a porção central de seu corpo e mastigou um pouco. Quando a presa estava gravemente ferida, ela mastigou o lado esquerdo do corpo dele e o devorou.

Salomão descreve a interação entre a predadora e sua presa. Apesar de ter escrito a passagem para advertir seu filho, podemos aprender a identificar o comportamento agressivo — ainda que sedutor — de pessoas promíscuas.

A história de Salomão no livro de Provérbios 7 apresenta uma mulher que era "...espalhafatosa e sem-vergonha e estava sempre andando pelas ruas (v.11). Ela constantemente procurava "divertimento", desprezando o comportamento decente. Embora possamos ser atraídos à pessoas rebeldes, no final, aqueles que desrespeitam a lei também não nos respeitarão.

Frequentemente, os predadores faltam com o respeito por meio de investidas inadequadas. A prostituta que Salomão descreveu "...chegou perto do rapaz, e o abraçou, e beijou..." (v.13). Pessoas que nos fazem sentir desconfortáveis ou com comportamento que privilegie o toque em excesso, devem ser evitadas.

Como se abraços e beijos não fossem suficientes para apanhar sua presa, a caçadora usou esta péssima cantada para seduzir o homem: "...saí procurando você. Eu queria encontrá-lo, e você está aqui!" (v.15).

Em seguida ela descreveu o que poderiam fazer em particular. Ela "...o tentou com os seus encantos, e ele caiu na sua conversa" (v.21).

O comportamento feroz dessa fêmea foi possível em parte porque sua presa era um jovem "...sem experiência..." (v.7). Ele estava cruzando a rua perto da casa da mulher na escuridão da noite.

A Palavra de Deus nos ordena a adquirir "sabedoria" e "entendimento" (Provérbios 4:5), porque ela pode nos proteger de pessoas cujo quarto é como "...o mundo dos mortos..." (7:27). —Jennifer Benson Schuldt

leia>

Provérbios 7:6-27

Assim, ela o tentou com os seus encantos, e ele caiu na sua conversa (v.21).

examine>

Leia o livro de Gênesis 39:8-16 para ver como um homem resistiu às investidas sexuais de uma determinada mulher.

considere>

Como reduzir os riscos de encontrarmos predadores sexuais? Se você vê em si mesmo qualquer traço de comportamento sexual agressivo, como mudará isso?

aplicação pessoal>

até a morte

Parte da alegria de ser pastor é caminhar ao lado de casais que dão o passo para o casamento. Poucas experiências tocam mais a alma do que a maravilha e a alegria (e o medo) de incluir na sua vida outra pessoa. No meio da cerimônia de casamento está o momento em que os noivos voltam-se um para o outro e cada um declara os votos — uma promessa de devoção e fidelidade. Alguns casais escrevem votos próprios, outros recitam a versão tradicional, mas cada um contém uma promessa. E a intenção é que esta promessa dure, como diz a célebre frase: "Até que a morte nos separe."

Há uma ironia nestas palavras. Quando minha esposa e eu repetimos estas palavras em nosso casamento, nós juramos fidelidade um ao outro enquanto vivêssemos. O apóstolo Paulo sugere, no entanto, que permanecer fiel ao seu compromisso de casamento requer algo como uma "morte". Para amar bem (e por longo tempo), maridos e esposas precisam sujeitar-se "...uns aos outros..." (Efésios 5:21). Cada um precisa entregar seus direitos e compromissos. Precisamos *morrer* para nós mesmos para que possamos nos doar por completo um ao outro.

Isto é exatamente o que Jesus fez. Jesus é o modelo para o amor verdadeiro, seja em um casamento ou em uma amizade. E o que Ele fez? Ele morreu. Jesus entregou Sua vida como um ato de submissão a Deus e como um ato de amor sacrificial pela humanidade. Como Paulo diz, Jesus "...deu a sua vida..." pela igreja (v.25).

Maridos e esposas enfrentam desafios no aprendizado da submissão. Gostamos de estar no controle. Trabalhamos muito para proteger nossos interesses pessoais. Jesus nos convida a tomar outro caminho. Ele nos instrui a entregar nossas vidas e nossas reivindicações. Ele nos diz que para amar verdadeiramente é preciso "morrer". —Winn Collier

leia>

Efésios 5:21-33

Sejam obedientes uns aos outros, pelo respeito que têm por Cristo (v.21).

examine>

No livro de 1 Coríntios 13, leia a descrição do amor. Considere todas as maneiras por meio das quais esse tipo de amor encoraja você a morrer para si mesmo.

considere>

Em que área precisa "morrer" para si mesmo para demostrar amor? À quem você precisa demonstrar amor? Como encaixar essa atitude em seu modo de viver?

aplicação pessoal>

no dedão do pé

Uma colega de trabalho teve uma conversa com seu filho sobre assuntos espirituais. Expressando sua atual falta de fé e comprometimento com Jesus, o jovem disse: "Deus não está em minha vida no momento; talvez, no máximo, esteja no dedão do pé."

Você já sentiu isso? A dúvida ou a falta de comprometimento o deixa carente de fé? Jesus certa vez encontrou algumas pessoas de Nazaré, Sua cidade natal, que escolheram não crer nele (Marcos 6:1). Enquanto alguns dos habitantes locais estavam "maravilhados" com o poderoso ensino de Jesus, todos na multidão descrente "...ficaram desiludidos com ele" (v.3). Ofenderam-se porque Jesus agia e ensinava de maneira que não correspondia à condição de carpinteiro. A situação era a seguinte: "...Um profeta é respeitado em toda parte, menos na sua terra, entre os seus parentes e na sua própria casa" (v.4).

O resultado da falta de crença do povo ("Por favor! Ele é só o filho daquele carpinteiro e de Maria") os levou experimentar pouco do poder de Jesus em suas vidas. Lemos que Ele curou os doentes "...pondo as mãos sobre eles" (v.5). Aqueles que foram curados provavelmente demonstraram fé verdadeira. Mas a massa de nazarenos não pôde testemunhar a plenitude de Seus milagres.

Nós, como o jovem com o problema de falta de fé, podemos também bloquear a obra de Deus e de Seu Espírito Santo por nossa fé inexistente. Como um comentarista colocou, "Os milagres de Jesus não eram performances, mas a realização parcial do reino de Deus; entrar neste reino e desfrutar de seus benefícios exige *arrependimento e fé*."

A fé verdadeira resultará em um relacionamento com Jesus que percorre todas as células de seu corpo (não só o dedão do pé) e pavimenta o caminho para que Ele trabalhe em e por meio de você. Simplesmente imergir seu dedo do pé na água não vai adiantar. —Tom Felten

leia›

Marcos 6:1-6

...Por isso ficaram desiludidos com ele (v.3).

examine›

Leia o livro de Mateus 8:8-13 para ver a fé de um homem a quem Jesus disse: "...Vá para casa, pois será feito como você crê...".

considere›

Por que Deus se recusa a revelar Seu poder àqueles que não creem nele? De que forma você harmoniza a soberania de Deus e sua necessidade de fé genuína?

aplicação pessoal›

administrando a decepção

Se você estiver num estudo bíblico com alguém e a pessoa disser: "Não acredito em Jesus", ou talvez você descobrir que um jovem a quem você tem discipulado mantém relações sexuais fora do casamento. E você se pergunta: *Será que fiz algo errado? Fracassei em meus esforços para ensinar a Palavra de Deus?*

Ministrar às pessoas pode levar ao sofrimento. Paulo, entretanto, exortou Timóteo (e nós) a não desistir, mas continuar a ensinar outros. Ele escreveu que não precisamos ser otimistas ou pessimistas, mas realistas. Falemos a verdade, a Bíblia e a experiência nos revelam que algumas pessoas se desviarão de sua fé em Jesus. Logo, a apostasia (renunciar a fé) não é uma evolução inesperada, nem deveria ser considerada prova de que falhamos. Jesus disse em Mateus 24:11 que "...muitos falsos profetas aparecerão e enganarão muita gente".

Nós também precisamos ver que a fé perdida se trata de guerra espiritual. Paulo descreveu os hereges em Éfeso (1 Timóteo 1:3) como aqueles que obedecem "...a espíritos enganadores e a ensinamentos que vêm de demônios" (4:1). A origem final de toda decepção é Satanás. No livro de 2 Coríntios 10:4, Paulo ensina, "As armas que usamos na nossa luta não são do mundo; são armas poderosas de Deus, capazes de destruir fortalezas. E assim destruímos ideias falsas." Quais são as poderosas armas de Deus? *Sua Palavra e a oração.*

Finalmente, precisamos continuar a ensinar a verdade (1 Timóteo 4:6). Ao lidar com o falso ensino em Éfeso, Paulo disse a Timóteo que redirecionasse os cristãos à doutrina correta — a verdade revelada nas Escrituras com relação a Deus, Seus caminhos e Seus propósitos.

Pode ser frustrante quando pessoas se afastam de Deus, mas Sua verdade nunca nos decepcionará. —Poh Fang Chia

leia>

1 Timóteo 3:14-4:6

O Espírito de Deus diz claramente que, nos últimos tempos, alguns abandonarão a fé. Eles darão atenção a espíritos enganadores e a ensinamentos que vêm de demônios (4:1).

examine>

Leia o livro de Colossenses 2:6-19 e veja outro exemplo de como corrigir o falso ensino. De que forma você pode aplicar ativamente a verdade de Deus em sua vida?

considere>

De que maneira você está usando a doutrina correta para corrigir pensamentos, valores e comportamentos incorretos?

aplicação pessoal>

reconciliação

Jacó trapaceou e conseguiu a primogenitura de seu irmão gêmeo Esaú (Gênesis 25:29-33). Depois ele o traiu de novo quando enganou seu pai conseguindo que ele lhe concedesse as bênçãos que pertenciam a Esaú — o primogênito (27:36). Enraivecido, o irmão mais velho jurou matar Jacó (27:41). Alertado pela mãe, Jacó escondeu-se na casa de seu tio (vv.43-45) por 20 anos. Após esta longa estada, Deus queria que Jacó retornasse e se reconciliasse com Esaú (31:3,13). Em obediência, Jacó fez duas coisas:

- *Iniciou a reconciliação* (32:3). Esaú estava em Edom. Para encontrá-lo, Jacó deliberadamente teve que viajar centenas de quilômetros ao sul de sua cidade. Foi necessário esforço significativo para viajar aquela grande distância. Era inconveniente, moroso e dispendioso. Mas ele ignorou essas desculpas válidas para não ver seu irmão.
- *Ele se humilhou* (vv.4,5); chamou seu irmão de "meu senhor Esaú," e se rotulou de "servo" de Esaú (v.4). De acordo com os costumes da época, Jacó era agora o chefe da família (já que havia roubado essa posição de Esaú há duas décadas). Mas ao honrar seu irmão mais velho, Jacó reconheceu a ordem natural de nascimento. Ele referiu-se a Esaú como seu mestre, o senhor da família.

Jacó disse a seu irmão: "...Estou mandando este recado ao senhor, esperando ser bem recebido" (Gênesis 32:5). Ele pediu reconciliação.

Há alguém com quem você precise se reconciliar, pedir ou receber perdão? Jacó nos mostrou três atitudes que deveriam caracterizar seus esforços para apaziguamento — *a disposição para a reconciliação, a atitude de humildade genuína e sinceridade verdadeira.*

Você precisa dar o primeiro passo para iniciar a reconciliação. Em seguida, humilde e sinceramente buscar o perdão verdadeiro. —K. T. Sim

leia>

Gênesis 32:1-5

Felizes as pessoas que trabalham pela paz, pois Deus as tratará como seus filhos (Mateus 5:9).

examine>

O que estas passagens — Mateus 5:9,23,24; Romanos 12:18; 14:19 — dizem sobre buscar reconciliação?

considere>

De que forma a reconciliação reflete a postura de Deus com relação a nós? O que significará buscar paz e perdão em seus relacionamentos nesta semana?

aplicação pessoal>

ouvindo Deus

Um dos melhores violinistas do mundo executou Bach e Schubert em uma estação de metrô onde mais de mil passageiros transitam. Alguns usavam fones ou conversavam em seus celulares, e outros estavam apressados demais para o presente inesperado de Joshua Bell. Muitas pessoas pararam para comprar bilhetes de loteria, mas enquanto esperavam na fila, ninguém se voltou para apreciar o violinista que três dias antes havia lotado um auditório com ingressos caríssimos.

Nós também podemos estar tão imersos na agitação banal da vida que não ouvimos a música de Deus. "O céu anuncia a glória de Deus...", Davi escreveu; "...e nos mostra aquilo que as suas mãos fizeram. Cada dia fala dessa glória ao dia seguinte, e cada noite repete isso à outra noite" (Salmo 19:1,2). Todo nascer do sol, todas as nuvens e flores são revelações de Deus. Você consegue ouvi-lo?

O Salmo 104 reconta as muitas formas de Deus sustentar nossas vidas. Seu trabalho, sua igreja e amigos fiéis são lembretes da graça de Deus com você. Consegue ouvi-los?

O mais importante, João declara que Jesus é a luz de Deus para o mundo — "...mas o mundo não a conheceu" (1:10). É fácil duvidar de nossas crenças quando estamos cercados por pessoas que não ouvem e veem Jesus como você.

Apenas sete pessoas pararam para ouvir durante os 43 minutos que Joshua Bell tocou. Uma delas sentou-se perto de um estande de engraxates, olhou ao redor, espantado com o restante das pessoas passando com tanta pressa. Mais tarde, este ao ser entrevistado, disse: "Outras pessoas não receberam. Simplesmente não perceberam. O que foi desconcertante para mim."

Poucas pessoas percebem que suas vidas estão sendo supridas com o amor de Deus. Coloque freios no seu dia — faça uma parada completa — e ouça. —Mike Wittmer

leia>

João 1:1-18

A Palavra estava no mundo, e por meio dela Deus fez o mundo, mas o mundo não a conheceu (v.10).

examine>

Leia o livro de Salmos 19 e 104 para aprender as muitas maneiras especiais e comuns de ouvirmos Deus.

considere>

O que está impedindo você de ouvir a presença de Deus em sua vida? De que maneira você pode encorajar outros a ouvir o que você ouve?

aplicação pessoal>

doença compensadora

Ao ler o livro de Gálatas é fácil perder a passagem curta do dia hoje. Nós acertadamente focamos no importante ensino de Paulo de que a salvação é um dom de Deus e nada além da fé (ao invés de guardar a lei judaica) é necessário para recebê-la. Estes poucos versículos no capítulo 4, no entanto, têm uma beleza própria.

Parece que Paulo não estava originalmente planejando visitar a província romana da Galácia durante suas jornadas missionárias iniciais. Uma doença o forçou a ir até lá (4:13), possivelmente a que ele menciona em 2 Coríntios 12:7, um problema nos olhos (Gálatas 4:15), ou algum outro problema de saúde. Seja lá o que fosse, Paulo procurou por um clima diferente e foi parar na Galácia; e apesar de doente começou a pregar. O Espírito Santo, ironicamente, operou milagres por meio dele (3:5) e a igreja dos gálatas nasceu. Talvez nunca teria acontecido sem a enfermidade de Paulo.

Deus tem um jeito de compensar a enfermidade. Perguntei a meus amigos de uma rede social se eles já tinham visto Deus transformar a doença em algo bom e alguém me enviou a história de Virgínia: Há muitos anos Virgínia lutava com um transtorno alimentar após o rompimento de um relacionamento difícil. Em seu pior momento, acabou no hospital pesando apenas 36 quilos. Lá, ela conheceu outra moça — a paciente mais doente da ala, com apenas 25 quilos — que rabiscou este versículo bíblico em um pedaço de papel e lhe entregou: "Com a força que Cristo me dá, posso enfrentar qualquer situação" (Filipenses 4:13). Virgínia se tornou cristã, recuperou-se, se casou e formou família. Ela reconhece a força do testemunho daquela menina doente, mas cheia de fé.

Um dia Deus livrará o mundo de toda a doença. Enquanto isso, Ele, com frequência a utiliza para o bem. Como Ele pode usar suas lutas com a saúde para ajudar outros? —Sheridan Voysey

leia>

Gálatas 4:13-15

Lembram por que foi que lhes anunciei pela primeira vez o evangelho? Foi porque eu estava doente (v.13).

examine>

Leia o livro de Romanos 8:28 e considere como Deus pode usar até mesmo uma debilidade física para promover Seu reino.

considere>

De que forma você viu Deus mudar a doença em algo bom? Como o exemplo de ambos — apóstolo Paulo e a amiga de Virgínia — deve ser seguido?

aplicação pessoal>

enxergando claramente

"Mãe, vire o espelho para eu poder enxergar melhor." Sentado atrás de mim no carro, meu filho pediu que arrumasse o espelho retrovisor para que ele pudesse se enxergar. Meus ajustes não permitiram que tivesse uma visão completa de si e ele me pediu que tentasse novamente. Após várias tentativas, expliquei a ele que o espelho foi projetado para que eu o usasse como motorista (e não para ele como passageiro). Satisfeito com as minhas tentativas, ele se sentou olhando contente pela janela. Ao voltar minha atenção para a estrada, refleti sobre o acontecido.

Na vida, queremos ser capazes de enxergar nossas situações da mesma maneira que Deus as vê. Ele permite que pensemos "...como Cristo pensa" (1 Coríntios 2:16) para ajustar a nossa visão a fim de enxergarmos a vida alicerçados em Seu coração. Mas não ficamos satisfeitos em simplesmente conhecer Sua atitude. Queremos ter Sua onisciência — saber todas as coisas como Ele sabe. Assim como o espelho retrovisor não é projetado para o uso do passageiro, nós não fomos feitos para saber tudo. Afinal de contas, *nós* não somos o *motorista.*

Enquanto vivermos na terra, nossa visão será sempre limitada. Faz parte de nossa natureza caída. O desejo de Eva por conhecimento levou-a — e toda humanidade — às trevas, não à luz da revelação (Gênesis 3:5-7). Então, por que o apóstolo Paulo coloca um lembrete sobre nossa visão limitada ao fim de sua exortação sobre a verdadeira natureza do amor em 1 Coríntios 13? (v.12). Ele nos lembra de que nas situações de limitações mais severas da fragilidade humana — uma humanidade à qual Deus concedeu dons preciosos (2 Coríntios 4:7) — o amor nos leva além de nossas reações básicas enraizadas em autoproteção.

O amor nos ajuda a ver claramente a verdadeira segurança que temos em Jesus. —Regina Franklin

leia>

1 Coríntios 13

O que agora vemos é como uma imagem imperfeita num espelho embaçado, mas depois veremos face a face... (v.12).

examine>

Leia o livro de Tiago 3:13-4:2 para ver a conexão entre abnegação e a provisão de Deus para nossas decisões e necessidades futuras.

considere>

Em que situação você tenta enxergar as coisas da poltrona do motorista ao invés da perspectiva do passageiro? Como o amor de Deus mantém você em paz?

aplicação pessoal>

perseverando

O filme *O céu de outubro* nos conta a notável história de um adolescente que sonhava construir foguetes. Após ver o Sputnik, o primeiro satélite artificial de órbita terrestre, cruzar o céu noturno em 1957, um profundo desejo de construir foguetes e fazer parte do programa espacial da NASA inflamou-se em Homer Hickam.

O problema era que quase tudo ia contra o sonho de Hickam. Ele morava em uma pequena cidade de mineração de carvão que lhe oferecia poucas oportunidades. Seus amigos pensavam que ele era louco. E seu pai o pressionava para se tornar minerador. Ele fez o que pode para garantir que os desejos do filho se apagassem. Mas Hickam perseverou. Ele lutou contra a oposição e eventualmente realizou seu sonho.

A história de Homer Hickam me lembra a do pastor adolescente Davi. Jessé, o pai de Davi, o havia enviado para verificar o bem-estar de seus irmãos que estavam lutando nas linhas de frente contra os filisteus (1 Samuel 17:17-19). Enquanto Davi conversava com seus irmãos, o gigante filisteu chamado Golias desafiou qualquer israelita que tivesse coragem de ir até lá e lutar com ele (v.23).

Após saber que Golias vinha zombando de Israel por 40 dias, um desejo de lutar com o gigante irrompeu em Davi. Quando ele deixou claro que já ouvira palavras desafiadoras suficientes do filisteu (v.26), Davi foi confrontado por seu irmão Eliabe. Temeroso que seu irmão mais novo o expusesse, ele acusou Davi de ir até lá apenas para assistir ao combate (v.28). Mas Davi perseverou e fez frente à oposição (vv.29,30). Ele sabia que Deus o havia chamado e preparado para lutar esta batalha épica (vv.34-37).

Não permita que outros o forcem a comprometer a pessoa que você sabe Deus o chamou para ser. Como Davi e Homer Hickam, lute contra a oposição — e persevere! —Jeff Olson

leia>

1 Samuel 17:17-51

— Meu senhor, — disse Davi — [...]. O SENHOR Deus me salvou dos leões e dos ursos e me salvará também desse filisteu... (vv.34,37).

examine>

Leia o livro de Jó 17:9 para aprender o que as pessoas que verdadeiramente perseveram em Deus fazem.

considere>

Que oposição você está enfrentando na tentativa de se tornar a pessoa que deveria ser? De que maneira você está perseverando em Jesus?

aplicação pessoal>

sem mancha

Derrubei meu celular, acidentalmente, na lata de lixo. Escorregou direto para o fundo, e quando tirei-o dali estava coberto com algum tipo de gosma nojenta. Horrorizada, comecei a borrifar, esfregar, desinfetar. Não parei até o telefone estar sem mancha.

Deus chamou o povo de Israel para se "higienizar". Eles haviam vivido como uma nação de desertores espirituais (Isaías 1:4) mesmo praticando suas cerimônias religiosas. Deus estava extremamente farto da situação. Ele disse: "...Estou farto de bodes e de animais gordos queimados no altar..." (v.11), e "Quando vocês levantarem as mãos para orar, eu não olharei para vocês..." (v.15). Deus não queria uma demonstração externa de confissão sem um comprometimento interno de agir diferentemente.

Deus, felizmente, traçou alguns passos para ajudar Israel a acertar-se com Ele. E começou dizendo: "...Parem de fazer o que é mau" (v.16). Como cristãos, temos a responsabilidade de acabar com o pecado que nos separa de Deus. Qualquer atitude diferente disso significa menosprezar a Sua graça. Paulo perguntou: "...Será que devemos continuar vivendo no pecado para que a graça de Deus aumente ainda mais? É claro que não!..." (Romanos 6:1,2).

Uma vez que interrompemos as ações pecaminosas específicas, é importante substituí-las por atividades que agradam a Deus. Purificar-nos envolve aprender "...a fazer o que é bom..." (Isaías 1:17). Especificamente, podemos ajudar ao pobre, defender os órfãos ou patrocinar os direitos das viúvas.

Como os israelitas, muitos de nós pecamos sem parar e supostamente purificamo-nos diante de Deus todos os domingos. Com a ajuda do Espírito Santo (Ezequiel 36:27), podemos interromper esse ciclo e alinhar nossas ações com nossos corações arrependidos. Podemos seguir a ordenança de Deus: "Lavem-se..." (Isaías 1:16), e Ele nos tornará verdadeiramente sem mancha. —Jennifer Benson Schuldt

leia>

Isaías 1:1-20

Lavem-se e purifiquem-se!... (v.16).

examine>

Leia o livro de Romanos 13:11-14 para entender a urgência envolvida em acertar-se com Deus. Por que é tão importante substituir hábitos de pecado por atitudes que agradem a Deus?

considere>

De que maneira a confissão desonesta feita por cristãos afeta a maneira como incrédulos veem a fé cristã?

aplicação pessoal>

entre nós

Por dois meses em Uganda, fiquei sem carro e tive de andar a pé ou usar o transporte público. Fui espremida em *matatus* (táxis minivans) e apressada no tráfego na garupa de *boda bodas* (moto-táxis). Muitas vezes, quando não tinha carona disponível, andei na chuva.

Mover-se daquela forma era humilhante, demorado e frustrante. *Mas acima de tudo, abriu meus olhos* para ver e experimentar o ambiente de uma forma que nunca havia feito antes.

Ao deixarmos de lado vários itens de conforto mudaremos nosso ponto de vista, por vezes vantajoso, e a nossa empatia melhorará. E quem melhor para ilustrar isso do que Jesus, que deixou Seu trono celeste para estar entre nós na terra (Filipenses 2:6-8).

Embora não fosse obrigado, Jesus se juntou a nós e desceu à terra. Ele dormiu em uma manjedoura (Lucas 2:6,7), sobreviveu no deserto (Marcos 1:12), sentiu as mãos o tocarem enquanto andava pelas ruas (Lucas 6:19; 8:43-48), lidou com os nossos argumentos (Marcos 8:14-21), tocou os nossos corpos enfermos com Suas próprias mãos e nos curou (vv.22-25). Lavou os nossos pés sujos (João 13:4,5), orou, chorou e implorou por ajuda (Hebreus 5:7). Experimentou a traição e sofreu agressões físicas (João 18:1-11,23). Carregou a nossa vergonha, morreu por nós e nos salvou (Isaías 53:3; Colossenses 1:19-21; Hebreus 12:2,3).

Jesus não precisava deixar o céu, mas Ele o fez por obediência ao Pai e por amor a você e a mim. Agora, Ele nos implora que deixemos a nossa zona de conforto para cuidar dos órfãos e das viúvas (Tiago 1:27) e que busquemos a justiça em nome dos oprimidos (Isaías 1:17).

Não feche os olhos para os feridos. Em vez disso, entre na realidade deles para ajudá-los a conhecer Jesus. —Roxanne Robbins

leia>

2 Coríntios 8:3-15

...Cristo: ele era rico, mas, por amor a vocês, ele se tornou pobre a fim de que vocês se tornassem ricos por meio da pobreza dele (v.9).

examine>

O livro de 2 Timóteo 4:5 nos diz "suporte o sofrimento". O que Deus lhe pediu para fazer e você não começou por causa do medo?

considere>

De que maneira você imitará Jesus e o Seu amor pelas pessoas esta semana? O que especificamente, você fará por alguém necessitado hoje?

aplicação pessoal>

enganando-nos

Um estranho programa de TV era exibido na França. Os participantes recebiam perguntas e tudo ia bem se fossem respondidas corretamente. Mas uma resposta errada poderia ser *fatal*: os que erravam tinham que apertar um botão que aparecia para forçar outro concorrente, amarrado numa "cadeira quente", a suportar letais 420 *volts* de eletricidade. Este "jogo da morte" foi feito para mostrar o poder manipulativo da autoridade. Para os concorrentes que pensavam que estavam eletrocutando alguém (na verdade um ator fingindo ser eletrocutado) era tudo muito real.

Definitivamente não seria divertido ser enganado neste programa tolo! Mas às vezes eu e você podemos realmente enganar "a nós mesmos" (1 João 1:8). O apóstolo João descreve dessa maneira: "Portanto, se dizemos que estamos unidos com Deus e ao mesmo tempo vivemos na escuridão, então estamos mentindo com palavras e ações" (v.6). O argumento é claro: seguir qualquer instrução religiosa ou viver de maneira contrária aos ensinamentos de Jesus revela que nos envolvemos com escuridão espiritual. Estamos enganando a nós mesmos e "mentindo" para Deus (v.6).

Aqui vão algumas formas comuns que, de modo pecaminoso, escolhemos as trevas em vez de escolhermos a luz de Deus:

- Escolher a comunhão com o mundo, mais do que com Deus como resultado do orgulho e egoísmo pecaminoso.
- Viver de modo legalista, que coloca tradições erradas acima da verdade divina.
- Tentar esconder nossos pecados em vez de confessá-los a Deus.

Estes pontos indicam um problema. Para nós, voltarmos à luz de Jesus exigirá verdadeiro arrependimento — exigirá que nos afastemos dos que amam o pecado e das coisas que nos enredam, que confessemos nossos pecados a Deus e andemos em Sua luz (v.9).

Estamos dispostos? É hora de pararmos de nos enganar. —Tom Felten

leia›

1 João 1:1-9

Portanto, se dizemos que estamos unidos com Deus e ao mesmo tempo vivemos na escuridão, então estamos mentindo... (v.6).

examine›

Leia o livro de João 8:12, considere o que parece verdadeiramente "seguir" Jesus.

considere›

De que maneira você toma parte nas trevas deste mundo? O que você fará esta semana para começar a caminhar à luz de Jesus?

aplicação pessoal›

memento mori

Memento mori é uma frase latina que diz "Lembre-se que você é mortal". Os historiadores acreditam que a frase foi usada em Roma quando Júlio César retornou após muitos anos de luta no exterior. Enquanto César festejava a vitória desfilando pelas ruas, um escravo ia atrás dele repetindo as palavras *Memento mori*. Estas palavras eram um lembrete a César de que a sua majestade poderia ser rebaixada a qualquer momento.

Talvez o rei Nabucodonosor devesse ter alguém atrás dele gritando *Memento mori*. O rei havia se tornado grande e influente, mas falhou em reconhecer que todo o seu poder foi dado por Deus — que realmente possui todo o poder. Deus lembrou-o, no entanto, que ele era apenas humano. Deus permitiu que ele tivesse um sonho que lhe trouxe grande ansiedade e terror. Como o rei não conseguia entender o sonho, convocou todos os sábios da Babilônia para que pudessem interpretá-lo. Eles não conseguiram, e então Daniel, que servia ao Senhor, disse-lhe o significado. Deus humilharia o orgulhoso rei até que ele reconhecesse que só Deus era soberano sobre todos os reinos. Daniel o aconselhou a renunciar seu orgulho.

Um ano mais tarde, enquanto Nabucodonosor usufruía de sua própria majestade, Deus o humilhou com uma insanidade. Quando o rei reconheceu e louvou a Deus como o Soberano Senhor, a sua sanidade e condição humana foram restauradas.

Quando nos sentimos poderosos, que possamos ouvir o Espírito Santo sussurrar para nós *Memento mori*. Levantemos nossos olhos para o céu, louvando, honrando e glorificando o Altíssimo, aquele que vive para sempre.

Porque nós somos mais humanos quando exultamos no Deus soberano. —Marvin Williams

leia>

Daniel 4:28-36

Portanto, eu, o rei Nabucodonosor, agradeço ao Rei do céu e lhe dou louvor e glória. Tudo o que ele faz é certo e justo, e ele pode humilhar qualquer pessoa orgulhosa (v.37).

examine>

Leia o livro de Tiago 4:13-17 e veja outro exemplo de orgulho tolo e arrogante.

considere>

Quando Deus lembrou-lhe de que você é mortal e que Ele é o Soberano? Pense sobre Deus — quem Ele é e o que Ele faz. De que maneira você o louvará hoje?

aplicação pessoal>

estou bem

No meu país, é costume dizer: "Como você está?" ao cumprimentar alguém. E depois vem a resposta reflexiva inevitável: "Tudo bem, e você?", não importa como a pessoa realmente se sente. É simplesmente uma saudação.

Meu pastor é da República Democrática do Congo, e por isso ele tem uma visão diferente sobre esta parte superficial da minha cultura. O pastor Kizombo tem o hábito de saudar olhando diretamente nos olhos enquanto pergunta: "Como vai você?" Então ele pergunta novamente: "Na verdade, como você *realmente* está?" Ele está realmente interessado e terá tempo para ouvir. Cumprimentos para ele não são meras formalidades, mas uma oportunidade para se conectar. As pessoas nunca são uma interrupção.

O apóstolo Paulo também não recorria às formalidades. Suas cartas terminam com cordiais saudações aos amigos que ele desejava ver. Ele chamava as pessoas pelo nome. E quem levava a carta muitas vezes dava um relatório pessoal diretamente de Paulo.

No livro de Colossenses 4, Paulo disse que tinha enviado dois amigos (Onésimo e Tíquico) com cartas que escrevera. "...Eles vão lhes contar tudo o que está acontecendo aqui", escreveu ele (v.9). Preso em Roma, ele ainda se importava com as igrejas nas casas que se espalhavam pela Ásia Menor. Ele não queria enviar uma simples saudação usual, então mandou breves instruções e seu amor sincero. Para Arquipo, por exemplo, enviou as palavras motivadoras: "...procure cumprir bem a tarefa que você recebeu no serviço do Senhor" (v.17).

Dois dos maiores presentes que podemos dar uns aos outros é o nosso tempo e interesse. Hoje, sejamos conscientes das oportunidades de realmente nos conectarmos com alguém que talvez esteja sofrendo, mesmo que isso signifique cumprimentar as pessoas com verdadeiro interesse. —Tim Gustafson

leia>

Colossenses 4:7-18

Eu o estou enviando para contar como todos nós vamos indo e assim animar vocês (v.8).

examine>

Leia o livro de 1 João 3:11-24 e aprenda as instruções do apóstolo João aos cristãos. Qual deve ser nossa principal característica? Quem é o nosso modelo de amor verdadeiro? (v.16).

considere>

Qual prática (hábito) surperficial você precisa modificar hoje? De que forma você vai fazer isso?

aplicação pessoal>

águas amargas

A primeira vez que a conheci, algo em nossa interação realmente me incomodou. Um dia depois, eu estava orando a Deus e procurando em meu coração porque eu me sentia tão inquieta com minha nova amizade. Afinal, tinha sido um encontro social bastante típico, e geralmente gosto de conhecer pessoas. Ainda classificando-a, hoje eu pedi ao Espírito Santo para me mostrar se eu estava realmente sentindo algo negativo e verdadeiro ou se fui simplesmente pega no jogo de comparação mais uma vez.

Quando se trata de lidar com a inveja, por vezes tentamos enterrar os nossos sentimentos ou "melhorá-los" com algumas palavras que soem espirituais. Mas quando realmente encaramos a verdade, a inveja é simplesmente feia.

Tiago vai ainda mais longe ao dizer: "Essa espécie de sabedoria não vem do céu; ela é deste mundo, é da nossa natureza humana e é diabólica. Pois, onde há inveja e egoísmo, há também confusão e todo tipo de coisas más" (3:15,16). Você percebeu que a inveja é *diabólica*? Embora esta palavra pareça forte, quando se trata da armadilha de comparar-nos uns aos outros, sabemos que esta prática originou-se com o pai da mentira.

Você já experimentou um desejo egoísta de algo que pertence a outra pessoa? Você já sentiu a resposta emocional forte enquanto você avaliava os outros? Se diminuímos a nós mesmos ou os outros porque falhamos em estar à altura, o resultado é destrutivo (vv.9,10).

Empurrar os nossos sentimentos para dentro não os faz ir embora. Quando nossas palavras, faladas ou não, começam a mostrar uma mudança de doces para amargas (vv.11,12), precisamos revelar a escuridão em nossos corações para Deus e experimentar o poder de cura da Sua Palavra. Somente Ele pode nos ajudar a superar a inveja.

—Regina Franklin

leia>

Tiago 3:2-18

Mas, se no coração de vocês existe inveja, amargura e egoísmo, então não mintam contra a verdade, gabando-se de serem sábios (v.14).

examine>

Leia o livro de 1 Coríntios 3:1-9 e veja como a inveja pode afetar o nosso crescimento espiritual e nossos relacionamentos dentro da igreja.

considere>

Quais são alguns sinais de que você sente inveja? De que maneira Deus e Sua Palavra podem ajudá-lo a tratar da inveja que você está vivendo?

aplicação pessoal>

satisfação verdadeira

Gore Vidal disse certa vez: "Sempre que um amigo tem êxito, morre algo dentro de mim." As palavras são tristes, pois a vida envolta em inveja deixa pouco espaço para a alegria. Mas esta frase às vezes não reflete nossos próprios sentimentos?

Quem sonha em se casar conhece bem o sentimento quando outra pessoa fica noiva. Casais sem filhos sentem uma pontada de dor quando outra gravidez é anunciada. Cada pessoa doente que tem orado pela cura sente a confusão ao ouvir de outro testemunho milagroso de cura. Pensamos: *Por que eles e não eu, Deus?* Sussurramos enquanto vestimos nossos sorrisos e escondemos a nossa tristeza. O apóstolo Paulo nos diz para nos alegrarmos com os que se alegram (Romanos 12:15), mas quando outros têm o êxito que nos foi negado podemos sentir que algo em nós morreu.

"...aprendi a estar satisfeito com o que tenho", disse Paulo (Filipenses 4:11). Neste caso, ele falava sobre comida e finanças (v.12), mas podemos ler o que ele sentia de forma mais ampla. Paulo era solteiro (1 Coríntios 7:7), teve sua cura negada (2 Coríntios 12:7-9) e muitas vezes lhe faltava segurança, abrigo, e sono (11:23-29). No entanto, ele dizia que suas fraquezas eram a sua força (12:10). Como?

Paulo revelou o seu segredo aos filipenses: "Com a força que Cristo me dá, posso enfrentar qualquer situação" (4:13). Ele enfrentou a doença, a falta de uma companheira, solidão e falta de sono pedindo tudo que ele precisava a Jesus que habitava dentro dele.

As pessoas mais contentes que eu conheço descobriram este segredo sozinhas. Seu prazer em Deus ofusca qualquer perda que já conheceram.

"Sempre que um amigo tem êxito," quero ser capaz de dizer, "um pouco de mim está vivo." Que os nossos vazios sejam preenchidos com Jesus hoje. —Sheridan Voysey

leia>

Filipenses 4:10-13

Não estou dizendo isso por me sentir abandonado, pois aprendi a estar satisfeito com o que tenho (v.11).

examine>

Leia a oração do apóstolo Paulo por poder no livro de Efésios 3:14-21. Leia-a devagar como sua própria oração, sabendo que a resposta de Deus a ela é "Sim".

considere>

Quando você experimentou tristeza ou inveja pelo o sucesso do outro? O que você vai pedir a Jesus enquanto procura preencher o seu vazio com Ele?

aplicação pessoal>

cante

Há 160 anos, a Igreja Livre da Escócia não permitiu hinos ou qualquer música instrumental ser tocada ou cantada em culto. Em 1843, a Igreja Livre separou-se da Igreja Presbiteriana da Escócia e, desde então, permitiu apenas salmos para serem cantados mas sem acompanhamento. No entanto, o voto em assembleia para toda a denominação permitiu hinos e instrumentação combinados na adoração.

Neste encontro histórico, a Igreja Livre da Escócia toma o Salmo 96:1 literalmente: "Cantem uma nova canção a Deus, o SENHOR..." Para o salmista (e para todo Israel para quem os salmos foram escritos), cantar era uma forma de oração. Estes salmos eram músicas voltadas para Deus. "Cantem ao SENHOR...", diz o salmista: "...e o louvem..." (v.2). Os Salmos são um conjunto de orações, principalmente destinados para o povo de Deus cantar junto. Enquanto a oração pessoal é necessária e boa, ter toda a comunidade levantando suas vozes em uníssono a Deus é igualmente necessário e bom.

Parte da beleza desta oração coletiva é que ela expressa a vibrante vida criativa de Deus que está ativamente nutrindo Seu povo. Este é um "cântico novo", uma "canção viva", uma canção florescente cheia de alegria (v.1). Deus não está distante. Deus está ativo presente agora, inspirando coisas novas. O canto das orações das comunidades anunciam as obras de Deus para o mundo inteiro.

Os Salmos nos permitem proclamar "...que ele nos salvou..." e anunciar "...sua glória às nações..." (vv.2,3).

Cantamos porque as nossas canções expressam a nossa mais profunda alegria, e queremos que os outros ouçam e em seguida cantem junto. Vamos ensinar o mundo a cantar verdadeiramente. —Winn Collier

leia>

Salmo 96:1-6

...Cantem ao SENHOR, todos os povos da terra! (v.1).

examine>

Leia o livro de Efésios 5:15-20. Qual o papel da música nestas orientações? O que é o oposto de cantar para — e o que está em concordância com isto?

considere>

O que o ato de cantar provoca em você, e de que forma isto aumenta sua compreensão da oração? Em que áreas de sua vida você deveria cantar e orar?

aplicação pessoal>

à parte ou uma parte

Em *The Present Future: Six Tough Questions for the Church* (O futuro do presente: seis perguntas difíceis para a igreja, inédito em português), Reggie McNeal diz: "Um número crescente de pessoas está deixando a igreja institucional por uma nova razão. Elas não estão partindo porque perderam a fé, e sim para preservar sua fé. Eles alegam que a igreja já não contribui para o seu desenvolvimento espiritual."

Pergunto-me como o apóstolo Paulo veria este fenômeno. Ele nos mostrou em 1 Coríntios 12 como a igreja deveria funcionar: "Cristo é como um corpo, o qual tem muitas partes. E todas as partes, mesmo sendo muitas, formam um só corpo" (v.12). Em muitas traduções da Bíblia, essas últimas palavras são "...assim também com respeito a Cristo." Talvez Paulo estivesse conduzindo seus leitores à ideia de que "Cristo" e "igreja" podem ser usados de forma intercambiável. Pois Cristo é o cabeça da igreja, e a igreja é a forma como Ele se faz conhecido no mundo de hoje.

O apóstolo expõe dois problemas comuns da igreja — o sentimento de insignificância e o espírito independente. "Pois o corpo não é feito de uma só parte, mas de muitas" (v.14). Essencialmente, todas as partes do corpo possuem uma função importante para executar, e nós somos mutuamente interdependentes.

Em seguida, Paulo acrescentou uma aplicação pessoal. Ele escreveu: "...vocês são o corpo de Cristo, e cada um é uma parte desse corpo" (v.27). Portanto, antes de tomar a decisão de sair da igreja local, é preciso se perguntar primeiro: Como a minha partida afetará o desenvolvimento espiritual dos meus irmãos e irmãs nesta igreja?

Consideremos o nosso papel antes da congregação se desfazer.
—Poh Fang Chia

leia>

1 Coríntios 12:12-31

Cristo é como um corpo, o qual tem muitas partes. E todas as partes, mesmo sendo muitas, formam um só corpo (v.12).

examine>

Leia o livro de Neemias 3 para exemplificar a unidade na diversidade e veja como Deus usou isso para fazer o trabalho que precisava ser feito.

considere>

A compreensão do papel significativo que você tem para o Corpo de Cristo afeta sua participação na igreja local? Que papel você desempenhará?

aplicação pessoal>

sem medo

Um dia parei num posto de gasolina para encher o tanque do meu carro. Quando fui pagar, notei um pequeno pardal saltitando no parapeito da janela ao lado do caixa. A atendente me disse que dias antes ele tinha batido na janela e ferido sua asa. Ela o levou para dentro para dar-lhe uma chance de sarar.

Era óbvio que o pássaro frágil estava assustado. Mas uma mulher caridosa o tinha abrigado sob suas asas, dando-lhe proteção e um lugar para se curar.

Pouco depois do meu encontro com o passarinho, pensei na conversa sobre as aves que Jesus teve com Seus 12 discípulos. Ele mencionou as pequenas aves quando estava enviando os homens para representá-lo oficialmente ao povo de Israel (Mateus 10). Era uma missão perigosa, que os colocaria em perigo. Ele sabia que os líderes judeus religiosos iriam difamar e persegui-los assim como lhe tinham feito. À luz desse fato, Ele lhes disse: "...Eu estou mandando vocês como ovelhas para o meio de lobos..." (v.16).

Entendendo que os discípulos, naturalmente, teriam medo, Jesus então lhes disse sobre os pardais: "Por acaso não é verdade que dois passarinhos são vendidos por algumas moedinhas? Porém nenhum deles cai no chão se o Pai de vocês não deixar que isso aconteça [...]. Portanto, não tenham medo, pois vocês valem mais do que muitos passarinhos" (vv.29,31).

Jesus foi simples nessa questão. Como Deus considera Sua a tarefa de cuidar do bem-estar dos passarinhos, Ele também cuidará daqueles que o seguem.

Deus está lhe enviando por um caminho difícil? Lembre-se dos pardais e ande sem medo. Seu Pai celeste cuidará de você. —Jeff Olson

leia>

Mateus 10:29-31

Vejam os corvos: não semeiam, não colhem, não têm despensas nem depósitos, mas Deus dá de comer a eles. Será que vocês não valem muito mais do que os pássaros? (Lucas 12:24).

examine>

O livro de Provérbios 29:25 descreve o que acontece quando tememos as pessoas e o que acontece quando confiamos em Deus. Preste a atenção!

considere>

Em que momento você inclina-se a temer mais o homem do que Deus? De que forma as palavras de Jesus sobre as aves o encorajam hoje?

aplicação pessoal>

você é amado

Um conselheiro estava conduzindo uma sessão de terapia familiar com os pais de uma adolescente que foi pega usando drogas. Os pais justificaram o uso de drogas de sua filha, dizendo que não era grande coisa, apenas uma fase que a maioria dos adolescentes passa. Depois de um tempo, o profissional disse aos pais para saírem da sala e, voltando-se para a filha, perguntou-lhe o que tinha ouvido. Ela respondeu: "Eu ouvi que não me amam".

O conselheiro percebeu que a filha envolveu-se com drogas para chamar a atenção dos pais. Se ela se sentisse realmente amada por eles, desejaria amá-los de volta optando por não desobedecer.

Como aquela filha, muitas vezes eu desobedeço ao meu Pai celestial. Meu pecado me aflige, e eu peço a Deus que me ajude a amá-lo mais. Embora não seja algo ruim de orar, Paulo diz que é ainda mais importante que entendamos o quanto Deus nos ama. Somente quando reconhecermos "...a largura, e o comprimento, e a altura, e a profundidade" do Seu amor estaremos ansiosos para amá-lo também (Efésios 3:18).

Considere as muitas maneiras de Deus continuamente amar você. Ele venceu as probabilidades incalculáveis apenas para trazê-lo à existência, e desde então Ele tem sustentado a sua vida com alimento, família e amizade. Jesus deu Sua vida por você, morrendo na cruz para que você possa viver com Ele para sempre.

Ele não teve todo este trabalho para deixá-lo se afastar, então Ele "...corrige quem ele ama e castiga quem ele aceita como filho" (Hebreus 12:6). Nenhuma criança gosta de limites e disciplina, mas imagine como você se sentiria se Deus não se importasse. Deus o ama muito para não ligar para seu pecado, então se alegre quando você sentir Sua mão firme de disciplina. Isso significa que você é amado.

—Mike Wittmer

leia>

Efésios 3:14-21

Sim, embora seja impossível conhecê-lo perfeitamente, peço que vocês venham a conhecê-lo, para que assim Deus encha completamente o ser de vocês com a sua natureza (v.19).

examine>

Leia o livro de Hebreus 12:1-13 para aprender de que modo nosso Pai deseja que respondamos quando Ele nos disciplina.

considere>

O que significa se você pecar repetidas vezes e não receber uma repreensão divina? Por que é tão importante receber a disciplina amorosa de Deus?

aplicação pessoal>

mães e pais

Há pouco tempo, fui arrastado para uma discussão sobre as preocupações parentais de mães e pais. As mães tendem a se preocupar com a segurança de seus filhos, e os pais com o seu sucesso. A mãe se preocupa que o filho seja amado, enquanto os pais empurram os filhos ao mundo onde o fracasso é fácil e o sucesso é difícil.

Os cristãos de Tessalônica eram filhos e filhas espirituais de Paulo (Atos 17:1-4). Ele nutriu esses novos cristãos (1 Tessalonicenses 2:9) até que forte oposição o forçou a deixar a cidade repentinamente (Atos 17:5-10).

No breve tempo que passou com eles, que tipo de pai era Paulo? Ele revelou um lado sensível que suavizou sua imagem severa (Filipenses 3:2; 2 Coríntios 10:6-11; 13:2). "...fomos como crianças, fomos como uma mãe ao cuidar dos seus filhos" (1 Tessalonicenses 2:7). Com a terna afeição de uma mãe que amamenta, ele disse aos jovens cristãos de seu profundo amor: "Nós os amávamos tanto, que gostaríamos de ter dado a vocês não somente a boa notícia que vem de Deus, mas até mesmo a nossa própria vida" (v.8).

Mas Paulo permaneceu um disciplinador paternal (Deuteronômio 8:5). "Vocês sabem que tratamos cada um como um pai trata os seus filhos" (1 Tessalonicenses 2:11). Como um pai terno e compassivo (Salmo 103:13), Paulo usou o elogio, a razão, exortações, advertências e bons conselhos para trazer seus filhos à disciplina e instrução que vem do Senhor (Efésios 6:4). A Palavra de Deus deixa claro que a disciplina é fundamental para o crescimento espiritual (Hebreus 12:5-12; 1 Tessalonicenses 2:12).

Esta é a meta de todos os pais: Desejamos que nossos filhos vivam dignamente (v.12), vidas frutíferas que honrem e agradem ao Senhor em todos os sentidos (Colossenses 1:10). —K. T. Sim

leia>

1 Tessalonicenses 2:7-12

...Mas, quando estivemos com vocês, nós fomos como crianças, fomos como uma mãe ao cuidar dos seus filhos [...]. Vocês sabem que tratamos cada um como um pai trata os seus filhos (vv.7,11).

examine>

Use o livro de Colossenses 1:10 como uma oração por seus filhos biológicos ou espirituais. Ore para que eles cresçam e amadureçam, conhecendo a Deus cada vez melhor.

considere>

Qual dos seus pais teve maior influência e impacto sobre você? Por quê? Como pais, de que modo vocês contribuirão para o desenvolvimento de seus filhos?

aplicação pessoal>

verdade dolorosa

Meu filho mais novo e eu estávamos assistindo televisão quando vimos um comercial de creme para pele. O rosto de uma mulher apareceu e, em seguida, a câmera focou as rugas. Mas não parou por aí. A animação digital nos deu uma visão abaixo da superfície de sua pele, em seus próprios poros. Finalmente, eles mostraram o creme agindo. Meu filho olhou para mim e disse: "Mamãe, você deve pegar um pouco disso." Depois de considerar seu comentário, consultei o espelho e pensei: "Ele está *certo*."

Às vezes, Deus usa pessoas próximas a nós para apontar nossas falhas, pois "Quem fala a verdade convence..." (Jó 6:25). Davi teve que suportar um confronto desconfortável quando o profeta Natã disse: "...Você fez com que Urias, o heteu, fosse morto na batalha; deixou que os amonitas o matassem e então ficou com a esposa dele!" (2 Samuel 12:9). Quais as consequências do pecado? Uma família rebelde (v.11), desgraça pública (v.12), e perdas pessoais (v.14).

Durante o angustiante debate, Davi não falou muito. Natã falou muito mais. Davi ouviu mais do que falou, e nunca defendeu suas ações ou ficou zangado com Natã por falar palavras dolorosas, mas honestas. No final, o rei admitiu: "...—Eu pequei contra Deus, o SENHOR..." (v.13).

A Bíblia diz que "O amigo quer o nosso bem, mesmo quando nos fere..." (Provérbios 27:6). Se Deus colocou alguém em sua vida que está disposto a confrontá-lo sobre suas deficiências espirituais, aprenda a lição de Davi. Ouça com atenção sem ficar bravo com o mensageiro de Deus e admita seu erro. Em seguida, como Davi, você pode pedir a Deus para remover a mancha da sua culpa, e alegremente cantar do Seu perdão (Salmo 51:9,14). —Jennifer Benson Schuldt

leia>

2 Samuel 12:1-25

...—Eu pequei contra Deus, o SENHOR... (v.13).

examine>

Leia o livro de Salmo 141:5 para uma perspectiva segura sobre receber correção.

considere>

Como você reagiu quando alguém lhe disse uma verdade dolorosa? É difícil confrontar as pessoas próximas a nós sobre suas deficiências espirituais?

aplicação pessoal>

prensado

Se você já se sentiu como um sanduíche ambulante, pode haver uma boa razão. Mais e mais pessoas estão se tornando parte da "geração sanduíche." Elas estão sentindo o aperto na responsabilidade de cuidar dos filhos e ao mesmo tempo apoiar os pais ou sogros. Um relatório recente revela que um em cada cinco idosos ativos na Ásia, neste momento, estão oficialmente "prensados".

Boaz e Rute dão um exemplo de como era cuidar de crianças pequenas e idosos na antiguidade. Depois de escolher a viúva Rute como esposa (Rute 4:10), Boaz também aceitou a responsabilidade de cuidar da idosa e desamparada Noemi (v.16). Deus abençoou Boaz e Rute com uma criança que chamaram Obede (v.17). Com o tempo, a criança cresceu e se tornou o avô do rei Davi (v.17).

Deste relato, podemos ver dois princípios que nos instruem quando estamos sentindo o confronto das gerações:

• *Deus exige que cuidemos amorosamente de crianças e pais.* Repetindo o exemplo de Jesus de ter certeza que Sua mãe seria cuidada (João 19:25-27), o apóstolo Paulo escreveu: "Porém aquele que não cuida dos seus parentes [...] negou a fé..." (1 Timóteo 5:8). Na mesma passagem, ele afirma que devemos cuidar das viúvas, que são parte da nossa família (v.16).

• *Os jovens e os velhos precisam um do outro.* É interessante notar que Noemi, a viúva acabou cuidando de Obede (Rute 4:16). O que é um grande retrato de uma família saudável, com os mais velhos ensinando e modelando a fé para os mais jovens!

Estar pressionado pode ser difícil. Mas as bênçãos que vêm com o estender uma mão aos nossos filhos e a outra aos nossos pais idosos são abundantes. Basta perguntar a Noemi e Obede. —Tom Felten

leia>

Rute 4:1-17

Porém aquele que não cuida dos seus parentes, especialmente dos da sua própria família, negou a fé... (1 Timóteo 5:8).

examine>

Observe o que agrada a Deus no livro de 1 Timóteo 5:3,4. Aplique estas verdades bíblicas em sua situação familiar hoje.

considere>

Se você cuida de crianças e pais, quais recursos espirituais ou materiais você não aproveita? Se não estiver pressionado, é possível ajudar quem está?

aplicação pessoal>

o verdadeiro Jesus

Em 2001, o repórter Jeremy Bowen apresentou uma investigação sobre o Jesus histórico. Ele disse: "O importante não é o que era ou não, o importante é o que as pessoas acreditam que Ele tenha sido." O apóstolo João discordaria. Ele esclareceu que o testemunho sobre quem Jesus *verdadeiramente* é, não o que as pessoas acreditavam que Ele tivesse sido. É confiável por causa de várias testemunhas fidedignas.

O primeiro testemunho foi a vida de Jesus. João disse que o Jesus humano era o Messias, o Filho de Deus preexistente (provavelmente refutando o falso ensinamento de que "o Cristo" desceu sobre Jesus em Seu batismo e deixou-o antes de Sua morte). Jesus marcou o início de Seu ministério com o Seu batismo (água) e marcou o fim com Sua morte sacrificial e verdadeira (sangue) (1 João 5:6).

O segundo foi o testemunho dos homens (v.9). João Batista, os irmãos de Jesus (Tiago 1:1; Judas 1:1), os mais de 500 que viram Jesus vivo depois da Sua ressurreição (1 Coríntios 15:6) e o apóstolo João (1 João 1:1-4). Todos deram testemunho confiável sobre Jesus como o Messias, o Filho de Deus.

O terceiro foi o testemunho de Deus. Em duas ocasiões específicas Deus confirmou verbalmente Jesus como o Messias Deus (Mateus 3:17; 17:5). O testemunho de Deus é a síntese dos anteriores.

O relato final que João deu foi o *testemunho de seus corações*. O Espírito Santo confirmou em seus corações que eles tinham o Filho e poderiam crer que tinham vida eterna por meio de Jesus Cristo (1 João 5:8).

Jesus Cristo foi uma pessoa real, que viveu uma vida real e que morreu uma morte real a fim de perdoar o pecado real para salvar as pessoas reais. Que o testemunho confiável sobre Ele mova alguns para iniciar sua jornada ao lado dele e nos conduza a aprofundarmos a nossa devoção! —Marvin Williams

leia>

1 João 5:6-13

Aquele que crê no Filho de Deus tem esse testemunho no seu próprio coração. Mas quem não crê em Deus faz de Deus um mentiroso, porque não crê no testemunho que Deus deu a respeito do seu Filho (v.10).

examine>

Leia no livro de João 5:31-37 para descobrir outros testemunhos que confirmam Jesus como o Messias de Deus.

considere>

Você já duvidou do testemunho sobre Jesus? O que ajudou a tranquilizá-lo da realidade do Messias? As Escrituras o tranquilizam sobre quem Jesus é?

aplicação pessoal>

o poço

"Prefiro trabalhar com descrentes do que com cristãos!" Essa declaração não seria particularmente surpreendente se viesse de um agnóstico ou ateu. Mas foi de um *pastor*. Por que os cristãos, por vezes, são difíceis e desagradáveis? Como isso exemplifica o que Jesus nos ensinou sobre a resolução dos conflitos?

Na antiguidade, Isaque, filho de Abraão mostrou a maneira piedosa para lidar com conflitos que antecipava as formas radicalmente pacíficas do futuro Messias. Embora Isaque fosse forasteiro na terra dos filisteus, ele se tornou rico. Por rancor, os habitantes locais entulharam os poços dele. Isso é um grande problema em um país árido! Para manter a paz, o rei Abimeleque ordenou que Isaque fosse embora (Gênesis 26:16).

Então Isaque se mudou e reabriu os poços que seu pai tinha cavado. Os moradores reclamaram sobre isso também. Mas ao invés de lutar, Isaque mudou-se novamente. E mais uma vez ele teve conflitos com os moradores pelos direitos da água. Só depois de uma terceira mudança ele encontrou água e paz. Eventualmente, prosperaria mais do que nunca.

Muitas vezes é difícil saber quando lutar e quando seguir em frente. Jesus era um homem de paz que voluntariamente sacrificou Sua vida por nós. Isaías profetizou como Ele seria condenado injustamente (Isaías 53:8). Ele "...Ficou calado como um cordeiro que vai ser morto..." (v.7). Mas o livro de Eclesiastes afirma que há também um "...tempo de guerra..." (3:8).

Por enquanto, o apóstolo Paulo nos dá um objetivo digno: "No que depender de vocês, façam todo o possível para viver em paz com todas as pessoas" (Romanos 12:18).

Senhor, por favor, ajuda-nos a saber quando é hora de ficar firme por uma causa nobre e quando é hora de abandonar o que é nosso por direito, arrumar as malas e cavar outro poço. —Tim Gustafson

leia>

Gênesis 26:12-25

De onde vêm as lutas e as brigas entre vocês? Elas vêm dos maus desejos que estão sempre lutando dentro de vocês (Tiago 4:1).

examine>

Leia no livro de Lucas 6:27-36 para ver o conselho de Jesus a fim de aprender a lidar com conflitos e como evitá-los. O que o livro de Tiago 4:1-6 acrescenta sobre as causas profundas da violência e discussões?

considere>

O que causa conflito em sua vida hoje? Vale a pena lutar por isso? Seus motivos são puros em relação a este assunto?

aplicação pessoal>

fé ativa

"Você sabia disso?" Quando meu aluno respondeu com incredulidade o que ele aprendera na pesquisa de seu projeto de justiça social, meu coração pulou de emoção. Ensinando numa escola particular, procuro maneiras de ajudar os meus alunos a verem além de seu mundo protegido. Minha alegria durou pouco, no entanto, quando ele continuou dizendo que, embora se sentisse mal por quem sofria, ele não mudaria seus hábitos de consumo. Uma das empresas exploradoras de mão de obra também pode fazer a roupa favorita dele.

Nós não ganhamos a salvação, nem ganhamos o nosso caminho para o favor e a bênção de Deus. Mas, em sua carta à igreja primitiva, Tiago é claro: a fé exige ação, ou não é fé completa.

Como isso se desenrola em nossas vidas diárias, porém, é outra questão. Enquanto os cristãos podem ser facilmente rotulados por seus protestos e boicotes, o conhecimento cria um dilema interessante em nossa compreensão da fé e obras. A partir das escolhas que fazemos sobre a mídia, a maneira como agimos em situações cotidianas e o nosso interesse no sofrimento das pessoas próximas e distantes, a nossa vida deve revelar um relacionamento íntimo com o Filho de Deus que voluntariamente deu a Sua vida para o nosso bem-estar (Filipenses 2:5-8).

A Bíblia diz: "Porque Deus amou ao mundo tanto, que deu o seu único Filho, para que todo aquele que nele crer não morra, mas tenha a vida eterna" (João 3:16). Da mesma forma o nosso trabalho, motivado pela nossa fé na bondade de Deus, deve emanar de um coração de amor (1 Coríntios 13:3).

O componente necessário de nosso relacionamento com Deus (Hebreus 11:6), fé se torna uma oportunidade para que o amor de Deus seja feito visível — por meio de nós. —Regina Franklin

leia>

Tiago 2:14-26

Portanto, assim como o corpo sem o espírito está morto, assim também a fé sem ações está morta (v.26).

examine>

Leia o livro de Mateus 10:39-42; 25:34-40 para ver algumas das maneiras práticas que nossa fé pode tornar-se ativa.

considere>

Em qual parte de sua vida você lutou para ativar sua fé? Como você pode manter o foco em Deus enquanto vive a sua fé?

aplicação pessoal>

generosidade radical

Nunca deixei de me surpreender com as pessoas que Jesus apresentava como modelos. Ele disse que as crianças eram modelos de confiança (Marcos 10:15), apresentou uma "mulher de má fama", como modelo para o amor (Lucas 7:47), e, sem dúvida, escandalizou seus amigos judeus quando sugeriu um soldado pagão como modelo de fé (vv.1-9). Assim, quando Jesus deu a Seus seguidores um modelo para a generosidade, Ele escolheu novamente o inesperado.

Depois de alguns debates intensos com a elite religiosa, Jesus estava descansando perto do Pátio das Mulheres no templo judaico. Lá existia uma caixa que o dinheiro era depositado para as necessidades do templo. Jesus viu os ricos deixando grandes doações, e observou uma pobre viúva deixando duas *leptas* (moeda grega). Nesse momento, Ele juntou Seus discípulos para uma lição.

E lhes disse: "...esta viúva pobre deu mais do que todos" (Marcos 12:43). Em termos literais isto não era correto. A lepta era a moeda mais desvalorizada, valendo 1/128 de um *denário* (salário de um dia). Jesus calculava claramente o valor em termos diferentes. Sua oferta foi grande, disse Ele, porque enquanto outros deram as sobras, ela "...deu tudo o que tinha para viver" (v.44).

Que modelo esta viúva! Quantos de nós realmente damos sacrificialmente os últimos centavos que possuímos? Na maioria das vezes quase perco o dinheiro que dar aos outros ou em oferta na igreja. Eu me assemelho às pessoas ricas que Jesus estava observando, e não à viúva generosa.

A verdadeira generosidade custa algo. Ela deixa-nos vulneráveis e com os braços estendidos a Deus, o único que pode satisfazer as nossas necessidades. Igual a pobre humilde viúva. —Sheridan Voysey

leia>

Marcos 12:41-44

Aí Jesus chamou os discípulos e disse: —Eu afirmo a vocês que isto é verdade: esta viúva pobre deu mais do que todos (v.43).

examine>

Leia no livro de Atos 14:15-17 sobre a parábola dos trabalhadores da vinha, e em Mateus 20:1-16 obtenha uma visão da generosidade de Deus.

considere>

Você já deu dinheiro generosamente sacrificando seus desejos ou necessidades? Quais causas ou necessidades Deus lhe pede para doar nessa semana?

aplicação pessoal>

tão perto e tão longe

O diretor dos filmes *Todo Poderoso, Ace ventura — um detetive diferente, O mentiroso* e *Patch Adams — o amor é contagioso*, Tom Shadyac, adquiriu uma antiga igreja em minha cidade natal e a transformou num abrigo para sem-teto. Quando lhe perguntei sobre o impulso para criar o abrigo, Shadyac contou-me que nos anos de faculdade ele não entendia como, naquela época mesmo, muitos trabalhadores da universidade lutavam para pagar suas contas. Mas quando ele voltou lá anos mais tarde para uma filmagem naquele local, disse: "Acordei para tudo isso", e se sentiu obrigado a trabalhar para o bem da cidade.

O profeta Jeremias viveu durante um dos períodos mais difíceis de Israel. O povo de Deus tinha sido capturado e estava sendo levado como escravos para a Babilônia. Jeremias deu-lhes as instruções de Deus para os dias difíceis que viriam. O que pensa que deveria ter sido a mensagem divina? O que o povo de Deus devia fazer numa terra pagã, sob o domínio de opressores cruéis? Entrar em greve? Iniciar uma guerrilha? Pelo contrário, o profeta disse-lhes: "Trabalhem para o bem da cidade..." (Jeremias 29:7). Eles estavam trabalhando para o bem da Babilônia.

Eles não estavam apenas trabalhando para Babilônia, mas também *orando* por ela. Ainda mais, eles estavam trabalhando e vivendo como se o seu próprio bem-estar estivesse junto com o de seus conquistadores, porque *estava mesmo*. Deus diz por meio de Jeremias: "...Orem a mim, pedindo em favor dela, pois, se ela estiver bem, vocês também estarão" (v.7).

Deus chama o Seu povo, onde quer que nos encontremos, a amar, abençoar e orar pela cidade onde Deus nos colocou. Ele está à procura de pessoas que busquem a paz de suas casas — suas *cidades*. —Winn Collier

leia>

Jeremias 29:1-7

Trabalhem para o bem da cidade... (v.7).

examine>

Releia o livro de Jeremias 29:1-7 e observe o uso da palavra exílio. O que ela significa para você? O que significa estar no exílio num lugar e também viver e trabalhar para o bem dele?

considere>

O que você identifica como sua cidade, seu bairro, sua casa? De que maneira Deus faz você buscar a paz e prosperidade dela?

aplicação pessoal>

palavras que edificam

Imagine se eu fosse continuar a escrever este artigo em chinês. Mesmo se eu escrevesse de modo excelente e compartilhasse verdades inspiradoras, não acrescentaria nada à sua vida se você não souber chinês simplificado. A razão é óbvia: Inteligibilidade precede o entendimento. Todo mundo pode entender isso!

Paulo escreveu no livro de 1 Coríntios: "...prefiro dizer cinco palavras que possam ser entendidas, para assim ensinar os outros, do que dizer milhares de palavras em línguas estranhas" (14:19). Paulo é claro: Que o amor seja o seu maior objetivo enquanto você usa seus dons para edificar a igreja.

A título de ilustração, Paulo comparou o dom de falar em línguas e profetizar para ensinar que o amor e a edificação dos outros devem sempre ser o modus operandi no exercício de nossos dons espirituais. Sem negar o dom de línguas, Paulo disse: "Eu gostaria que vocês todos falassem em línguas estranhas, mas gostaria ainda mais que tivessem o dom de anunciar a mensagem de Deus..." (v.5). Por quê? Porque a profecia tem um efeito triplo: Ela "...fala para as pessoas, ajudando-as e dando-lhes coragem e consolo" (v.3). Aquele que fala em línguas, por outro lado, só edifica a si mesmo.

Um professor de ensino bíblico parafraseou 1 Coríntios 4:12 desta forma: "na igreja em que vocês participam, procurai com zelo, como resultado da dádiva de Deus em suas vidas, serem capazes de trazer a verdade da Palavra de Deus no nível de ensino, instrução, correção e repreensão."

Portanto, agora que temos as palavras de Paulo no coração, o que eu estava dizendo na primeira frase deste devocional? As palavras têm o poder de construir ou destruir. —Poh Fang Chia

leia>

1 Coríntios 14:1-19

Por isso, já que vocês estão com tanta vontade de ter os dons do Espírito, procurem acima de tudo ter os dons que fazem com que a igreja cresça... (v.12).

examine>

Leia o livro de Efésios 4:4-16 para observar o resumo do livro de Romanos 12–14.

considere>

Você edifica a vida de outros cristãos com suas palavras? Quais dons espirituais que Deus lhe deu e que você pode usar para ajudar Seus filhos?

aplicação pessoal>

amor e tristeza

Em *Harry Potter e as Relíquias da Morte* o personagem Dobby, um elfo doméstico que Potter certa vez ajudou a libertar de seus mestres cruéis, morre no resgate feito por Harry Potter e seus companheiros. A morte de Dobby o deixa atordoado e sem palavras. Apenas a sua amiga Luna é capaz de colocar em palavras a profunda perda que Harry e os outros sentiram: "Muito obrigado, Dobby... É tão injusto que você tivesse que morrer, você que foi tão bom e corajoso."

Com o coração partido, Harry cava a sepultura de Dobby. A tristeza consome sua alma a tal ponto que ele mantém Voldemort, que era o vilão, longe de intrometer-se em seus pensamentos. Na versão do livro, o autor deixa claro que era o "amor" de Harry por Dobby que ocupava seu coração e mente.

Aqueles que assistiram Jesus chorar no túmulo de Seu querido amigo Lázaro também testemunharam uma conexão entre tristeza e amor. Após Jesus chegar ao lugar onde Lázaro foi enterrado, Ele "chorou" (João 11:35). Jesus estava profundamente triste mesmo sabendo que Ele levantaria o Seu bom amigo da morte minutos depois (vv.43,44). As pessoas vendo Jesus na agonia do luto disseram uns aos outros: "...—Vejam como ele amava Lázaro!" (v.36).

Em meio a nossa própria perda, o luto é uma expressão de amor que temos por outra pessoa. Para colocá-lo de outra forma, somente quem amou pode realmente sofrer o luto. Esta é uma verdade amarga que às vezes nos esquecemos.

Felizmente, como cristãos, não nos afligimos como pessoas que não têm esperança (1 Tessalonicenses 4:13). À luz da morte e ressurreição de Jesus sofremos, mas com a esperança de um dia reencontrar aqueles que amamos e "...que morreram crendo nele" (v.14). —Jeff Olson

leia>

João 11:1-44

Jesus chorou (v.35).

examine>

Confira a relação entre tristeza e amor observada na vida do rei Davi (2 Samuel 18:33).

considere>

Como o amor de Deus o ajudou na perda de alguém que você amava? Qual é a sua esperança no futuro, mesmo que você sinta as dores da tristeza?

aplicação pessoal>

desistir

Os responsáveis pela fauna em minha cidade tentaram em vão salvar uma ave que tinha uma flecha em seu peito. Ela voava para longe quando as redes chegavam perto. É difícil condená-la por isso. Assustada, não entendia que a mesma autossuficiência que a mantinha viva, agora lhe impedia de receber a ajuda que precisava.

Somos como aquela ave. Prejudicados pela ferida autoimposta do nosso pecado, teimosamente achamos que podemos sobreviver pelo esforço. Mas cada movimento de nossas asas puxam a flecha mais fundo e, se não recebermos a ajuda que precisamos, morreremos em nosso pecado.

Para ser cristão, o primeiro passo é admitir que não podemos corrigir a nós mesmos. Calvino disse: "A pessoa que foi completamente reduzida a nada e, desistiu [...] é adequadamente preparada para receber os frutos da misericórdia de Deus. Pois na proporção em que alguém confia em si mesmo, coloca obstáculos à graça de Deus."

A salvação é para "desistentes". Somente aqueles que desistem de sua capacidade de agradar a Deus estão prontos para aceitar as boas-novas. O evangelho não é sobre o que podemos fazer por Deus, mas sobre o que Deus tem feito por nós. É a boa notícia de que "...Cristo morreu pelos nossos pecados [...] ele foi sepultado e [...] foi ressuscitado..." (1 Coríntios 15:3,4). Mas não vamos confiar neste trabalho de Jesus, a menos que reconheçamos que estamos falidos espiritualmente, irremediavelmente "...mortos por causa da nossa desobediência..." (Efésios 2:5). Nós não vamos dar-nos a Cristo, até que primeiro desistamos de nós mesmos.

O evangelho contradiz a intuição. O que nos convém na maioria das áreas da vida pode ser um desastre em nossa caminhada com Jesus. O segredo do sucesso é nos esforçarmos mais. O segredo da salvação é parar de tentar por nós mesmos. —Mike Wittmer

leia>

Efésios 2:1-10

Pois pela graça de Deus vocês são salvos por meio da fé. Isso não vem de vocês, mas é um presente [...] não é o resultado dos esforços de vocês; portanto, ninguém pode se orgulhar de tê-la (vv.8,9).

examine>

Leia o livro de Salmo 38 para aprender como Davi reagiu às flechas penetrantes de seu pecado.

considere>

É difícil depender somente de Cristo? O que você pode fazer para internalizar o evangelho, sentir em seu coração que sua salvação depende de Cristo?

aplicação pessoal>

aqui em baixo

O mundo se alegrou com o povo do Chile enquanto comemoravam o resgate bem-sucedido dos 33 mineiros que estavam soterrados a 700 metros. Os mineiros, que permaneceram presos numa mina por 69 dias, foram retirados com segurança para fora das profundezas da terra. Em carta enviada à superfície antes do resgate, o mineiro Jimmy Sanchez, de 19 anos, escreveu: "Na verdade, existem 34 de nós, porque Deus em todo momento esteve conosco."

Cercado por dores e problemas da vida, Davi expressou um pensamento semelhante no Salmo 139. Convencido de que Deus é Onisciente (vv.1-4), Onipresente (vv.5-12), e Onipotente (vv.13-18), o espírito de Davi foi amparado pelo cuidado amoroso de Deus por ele — algo que começou antes mesmo dele nascer (vv.13-16).

Deus é Onisciente (vv.1-4). Davi declarou: "Ó SENHOR Deus, tu me examinas e me conheces" (v.1). Você sabe como eu me sinto (v.1), penso (v.2), o que faço (v.3), o que digo (v.4) e aonde vou (v.5). Deus o conhece completa e intimamente.

Deus está Onipresente (vv.5-12). Davi tinha certeza de que Deus nunca nos abandona nesta terra. Ele escreveu: "...Para onde posso fugir da tua presença? Se eu subir ao céu, tu lá estás; se descer ao mundo dos mortos, lá estás também" (vv.7,8).

Deus é Onipotente (vv.13-18). O corpo humano é a obra-prima do Deus Criador Todo-Poderoso (vv.13-15). A soberania e o poderoso cuidado de Deus está garantido: "...Os dias que me deste para viver foram todos escritos no teu livro quando ainda nenhum deles existia" (v.16).

Como você responderá a Deus e ao Seu cuidado amoroso por você? Davi reafirmou seu compromisso com Deus (vv.19-22), e pediu-lhe para examinar, e guiá-lo pelo caminho eterno (vv.23,24). —K. T. Sim

leia>

Salmo 139

Estás em volta de mim, por todos os lados, e me proteges com o teu poder (v.5).

examine>

O que o livro de Salmo 103 diz sobre o cuidado amoroso de Deus por você? Ore: "...ainda ali a tua mão me guia, ainda ali tu me ajudas" (Salmo 139:10).

Conside>

Você é cercado por provações e dificuldades da vida? Restaure-se com o conhecimento de quem Deus realmente é, pois Ele o conhece e se importa com você.

aplicação pessoal>

um em dez

Você conhece o sentimento — a surpresa do reconhecimento. Será? Você respira fundo. Uau! Meus amigos do Ensino Médio! *O cabelo dela cresceu e está loira!* A internet possibilita renovar contatos. Mas, será? Como a sua esposa se sentiria? Estudos recentes demostram que uma rede social pode estar "alimentando voos selvagens de ciumenta investigação, à medida que os usuários em seus relacionamentos... se esforçam para encontrar evidência de pensamentos ou comportamentos infiéis do parceiro".

A Bíblia diz que o ciúme é ainda mais perigoso do que a raiva e ira (Provérbios 27:4). É perigoso porque alimenta os nossos desejos para as coisas do mundo e pelos outros, ao invés de Deus. Se nada for feito, pode até nos levar para longe dele.

O ciúme levou Raquel a um estado de desespero. Depois que ela e sua irmã Lia se casaram com a mesma pessoa, Lia teve vários bebês. Quando Raquel percebeu que não podia ter filhos "...ficou com inveja da sua irmã..." (Gênesis 30:1). Desesperada por ter uma criança sua, ela deu este ultimato a Jacó: *Dá-me filhos ou eu morrerei!*

As coisas foram de mal a pior. Nessa corrida por bebês, Lia já tinha três bebês e Raquel nenhum. Então Rachel disse a Jacó: "...—Aqui está a minha escrava Bila; tenha relações com ela. Quando ela tiver um filho, será como se fosse meu. Desse modo eu serei mãe por meio dela" (v.3). Quando a serva teve dois filhos, Raquel comentou: "...lutei muito contra minha irmã e venci" (v.8), mostrando que o ciúme alimenta a competição.

Podemos nos proteger contra a inveja. Felizmente, não precisamos silenciar os nossos desejos fortes; apenas precisamos redirecioná-los para Deus. Quando podemos dizer a Ele, só tenho a ti e "...que mais poderia querer na terra?" (Salmo 73:25), o ciúme não governará nossos relacionamentos. —Jennifer Benson Schuldt

leia›

Gênesis 30:1-24

Quando Raquel percebeu que não podia ter filhos, ficou com inveja da sua irmã... (v.1).

examine›

Leia o livro de Tiago 3:14-16 e veja a ligação entre ciúme e egoísmo, e o livro de Atos 13:45 para ver como as pessoas invejosas se opõem à propagação do evangelho.

considere›

Como o ciúme pode arruinar relacionamentos? Como o conhecimento de que "o amor não é ciumento" muda o seu pensamento sobre as pessoas em sua vida?

aplicação pessoal›

escuridão

Há algo sobre o início da maturidade que faz alguns de nós experimentarmos a escuridão na alma. Talvez seja lidando com coisas do nosso passado ou a incerteza do futuro. Oswald Chambers, autor do livro devocional *Tudo para Ele* (Publicações RBC, 2014), caiu em trevas profundas por volta de seus 20 anos.

E eu também. Por três anos, estava cheio de medo e depressão, na maior parte do tempo escondia-me daqueles que me cercavam. Implorei a Deus em oração e meditei sobre as verdades da Sua Palavra. No devido tempo, findou-se a minha noite escura e voltei para a luz da vida.

Se você está abatido hoje ou conhece alguém que esteja lidando com uma noite escura da alma, tome estas palavras no coração: Volte-se para Jesus, descanse nele, dê tempo ao tempo e um novo dia virá.

Volte-se para Jesus. No livro de Mateus 11, Jesus descreveu a fé "infantil" que perseguimos quando estamos deprimidos ou ansiosos (v.25). Esta é uma confiança simples que desafia nossas mentes perturbadas e espíritos inquietos.

Descanse nele. Jesus nos diz: "—Venham a mim [...] e eu lhes darei descanso" (v.28). A escuridão da depressão pode tornar-nos insensíveis a Seu amor e presença. Portanto, temos de escolher nos lançarmos em Seus braços e encontrar descanso lá.

Dê tempo ao tempo. Às vezes, a sua cura espiritual e emocional levará semanas, meses, até anos. Mas, enquanto você continuar confiando e descansando nele, eventualmente, o Seu amor iluminará o caminho para o verdadeiro "...descanso" (v.29).

Um novo dia virá. O fardo da alma com Deus não é apenas "leve" (v.30), mas Ele, uma vez mais, encherá o seu coração e alma com a Sua luz!

Não desista! Com o tempo, a escuridão se dissipará e a alegria virá pela manhã (Salmo 30:5). —Tom Felten

leia>

Mateus 11:25-30

—Venham a mim, todos vocês que estão cansados de carregar as suas pesadas cargas, e eu lhes darei descanso (v.28).

examine>

Davi passou muitas horas lidando com noites escuras. Apegue-se ao seu conselho encontrado no Salmo 55:22.

considere>

Se você está lidando com trevas, como você começará a seguir as instruções de Jesus? Como você pode carinhosamente incentivar alguém que está abatido?

aplicação pessoal>

aquele que hesita

Em meio às consequências do Katrina, devastador furacão, nos EUA, em 2005, um líder político resumiu a reação ao desastre com as seguintes palavras: "Um dos problemas que estamos enfrentando em nível federal, estadual e local é uma total falha de todo o sistema, porque as pessoas que tomam as decisões hesitaram."

Este foi um claro exemplo do provérbio: "Aquele que não chega a uma decisão sofrerá por isso." Um exemplo bíblico desta expressão é a declaração dos homens que foram explorar a terra de Canaã. Eles voltaram com um relatório negativo e influenciaram o povo de Israel a não entrar na Terra Prometida (Números 13:31,32).

Após o povo de Israel ter sido liberto da escravidão, Moisés começou a levá-los para Canaã, a terra que Deus lhes havia prometido. Ao se aproximarem dela, o Senhor disse a Moisés para enviar alguns homens para explorar Canaã (v.2). Os homens observaram a terra e — apesar de ela ser espaçosa e fértil, — eles trouxeram um relatório desfavorável sobre o local.

Este relatório negativo dizia que seus habitantes eram muito poderosos e gigantes. As cidades eram fortificadas, a terra devorava aqueles que viviam nela, e eles tinham parecido como gafanhotos aos habitantes de lá. Isso se espalhou por toda a congregação, causando grande angústia e hesitação entre as pessoas (14:1,2). Eles hesitaram diante de uma ordem e da promessa divina por causa do medo.

Apesar de Deus nos ter dado mandamentos e promessas, muitas vezes nos encontramos hesitantes devido ao medo. Quando enfrentamos decisões difíceis, peçamos a Deus para nos dar um espírito igual ao de Calebe, um espírito de obediência "imediata", de fé inabalável (13:30) e de coragem incomparável para ficar ao lado do poder de Deus. —Marvin Williams

leia>

Números 13:1–14:2

...Calebe os fez calar e disse: —Vamos atacar agora e conquistar a terra deles; nós somos fortes e vamos conseguir isso! (v.30).

examine>

Leia o livro de Juízes 6 e explore um outro exemplo do povo de Deus hesitar por causa do medo. O medo já lhe causou hesitação em obedecer a Deus?

considere>

Qual ordem você precisa obedecer "imediatamente"? De qual promessa de Deus você precisa apropriar-se hoje, em face do medo, cautela, ou incerteza?

aplicação pessoal>

aí está você!

"Existem dois tipos de pessoas", disse a colunista Abigail Van Buren. "Quem entra numa sala e diz:" 'Você está aqui!' E os que dizem: 'Estou aqui!'" A única pessoa que poderia declarar corretamente: "Estou aqui!" parecia estranhamente relutante em se promover. Jesus estava muito mais interessado nos outros. No Seu primeiro milagre Ele advertiu Sua mãe: "...Ainda não chegou a minha hora" (João 2:4). Muitas vezes, Ele disse ao povo que curou: "...Não conte isso para ninguém..." (Marcos 1:44).

Quando Jesus encontrava as pessoas, Ele as desarmava com o Seu olhar cativante, e sabia o que lhes ia no interior: "...—Quem foi que tocou na minha capa?" Ele perguntou quando uma mulher assustada que tinha tocado a Sua veste se encolhia nas proximidades (Marcos 5:30). Desesperada e sofrendo de uma condição física que se perpetuava por 12 anos, ela quis se manter no anonimato enquanto buscava o poder de Jesus. Ele, por outro lado, queria uma ligação pessoal com ela. "—Minha filha, você sarou porque teve fé", Ele disse suavemente. "Vá em paz..." (v.34).

Em outra ocasião, Jesus ignorou os tabus de Sua época quando Ele estava junto ao poço de Jacó em Samaria e estendeu a mão a uma mulher com um passado complicado (João 4:4-42). Não só Ele estava sozinho com a mulher (pasmem!), como iniciou uma conversa com ela. Agindo assim, Ele fez um pedido bastante sensato "...me dê um pouco de água" (v.7) para tocar a sensibilidade da mulher (vv.17-19). Foi como se sua guarda baixasse e Jesus pôde em seguida dizer: "Você está aqui!" Ao invés de evitar ser "descoberta", a mulher correu até a cidade para anunciar o que tinha acabado de acontecer (v.29).

À medida que aprendemos a trocar o "Eu estou aqui!" por "Você está aqui!" podemos descobrir que somos usados para despertar nos outros o desejo de encontrar-se com Deus — refletindo as maneiras do próprio Jesus agir. —Tim Gustafson

leia>

Marcos 5:25-34

—Venham ver o homem que disse tudo o que eu tenho feito... (João 4:29).

examine>

Leia a história da mulher samaritana (João 4:4-42). De quais maneiras ela parece surpresa? Jesus a criticou? Por quê?

considere>

Você anuncia a sua presença ou percebe a presença dos outros? Por quê? É possível demonstrar o seu interesse aos outros para a glória de Jesus?

aplicação pessoal>

ardendo forte

Incentivei o meu marido a fazer uma pequena fogueira em nosso quintal. Como alguém que gosta de acampar, adoro sentar numa noite fria na frente de uma fogueira ardente com uma caneca de chocolate quente. Nessa noite que nos sentamos com a família perto da fogueira, lembramos aos nossos filhos que o poder inerente ao fogo exige respeito. Orando por um renovo espiritual, lembrando dos poderosos reavivamentos do passado e pedindo a Deus para mudar os corações das nações em que vivemos, muitas vezes usamos o termo "fogo do reavivamento" nos círculos cristãos. Às vezes, porém, me pergunto se realmente sabemos o que estamos pedindo quando oramos para que o fogo de Deus venha sobre as nossas vidas.

Para o sacerdote, o fogo significava *sacrifício*. Enquanto vivemos sob a apromessa do Novo Testamento de que Jesus é nosso sacerdote perfeito e completo sacrifício, devemos ter cuidado para não perder de vista o fato de que Deus foi e sempre será santo. Embora Ele tenha removido o véu, Ele não mudou a Sua natureza (Salmo 102:27; Marcos 15:37-39).

Ser sensível à santidade de Deus, no entanto, não o torna menos cuidadoso e compassivo. Se muda algo, o fato de saber que Ele é digno de reverência e respeito, torna o Seu amor por nós ainda mais evidente. Deus, que tem o poder de sustentar a vida e que tem o controle sobre a alma, e sobre o corpo (Mateus 10:28) se importou o suficiente para oferecer a Sua vida em nosso favor. E Ele não parou por aí. Apesar da nossa fragilidade e quebrantamento (Salmo 78:38,39; 2 Coríntios 12:9) e sabendo que somos falhos, Ele deseja proximidade conosco. Ele canta canções de livramento sobre as nossas vidas e ouve os gritos do nosso coração (Salmos 69:33; 116:1).

A santidade de Deus continua a resplandecer. —Regina Franklin

leia>

Levítico 9:22–10:11

De repente, saiu fogo da presença de Deus, o SENHOR, e devorou a oferta queimada [...] no altar. Ao verem isso, os israelitas deram gritos de alegria, ajoelharam-se e encostaram o rosto no chão (v.24).

examine>

Leia o livro de 1 Coríntios 3:11-15; 1 Pedro 1:6-9 e veja a conexão entre as provações em nossas vidas e o fogo purificador de Deus. De que forma as provações produzem santidade em nós?

considere>

Como reconhecer uma vida que arde forte para Deus? Esta é sua vida? Sim ou não?

aplicação pessoal>

artista da terra

A historiadora de arte Janine Burke diz em seu livro *Source* (Manancial, inédito), que alguns artistas mais célebres do mundo desenvolveram suas obras ao se retirarem para a natureza. Monet pintou *Waterlily* após se mudar para sua casa-jardim. Picasso foi mais criativo quando estava em Cote d'Azur, França. As pinturas abstratas de Jackson Pollock são inspiradas nas paisagens de *Long Island*. O mar tornou-se tema para Ernest Hemingway, após ele mudar-se para a Flórida.

Janine também relata que muitos desses artistas eram animistas ou panteístas. Sobrecarregados pela beleza de suas localidades, eles acreditavam que a terra era sagrada e digna de adoração.

Os artistas não são os únicos a olhar para a criação e ver algo divino. "Desde que Deus criou o mundo, as suas qualidades invisíveis, isto é, o seu poder eterno e a sua natureza divina, têm sido vistas claramente. Os seres humanos podem ver tudo isso nas coisas que Deus tem feito e, portanto, eles não têm desculpa nenhuma" (Romanos 1:20). "O céu anuncia a glória de Deus..." (Salmo 19:1,2). A própria natureza fala dele (vv.3,4).

A visão cristã do mundo, no entanto, dá um passo significativo além do panteísmo. A criação não é Deus, mas revela um Criador, que é mais fantástico ainda.

Um antigo poeta hebreu capturou bem esta ideia. Após uma pesquisa de tirar o fôlego sobre as belezas da Terra, ele diz: "Ó SENHOR, tu tens feito tantas coisas e foi com sabedoria que as fizeste..." (Salmo 104:24). Outro poeta convocou estes mesmos vales, riachos, animais e árvores — a se curvarem e adorarem o Criador (Salmo 148).

A maior obra de arte pode revelar apenas uma fração do gênio de um artista. Isto também vale para o mundo. Por que curvar-se à arte da terra, quando o Artista por trás dela é muito maior? —Sheridan Voysey

leia>

Salmo 104

Ó SENHOR, tu tens feito tantas coisas e foi com sabedoria que as fizeste. A terra está cheia das tuas criaturas (v.24).

examine>

Leia o livro de Salmo 148 e perceba o quanto o mundo é convocado a louvar o grande Artista. Nada ficou de fora, o que ressalta a Sua significância.

considere>

A visão bíblica de Deus é maior do que a panteísta que diz que o próprio mundo é divino? Se você é artista, o seu trabalho destaca o maior dos Artistas?

aplicação pessoal>

obediência & ação

Francis Marion Tarwater, o personagem perturbado de Flannery O'Connor, no livro *O céu é violento* (*Cavalo de Ferro*, 1960) atingiu a maioridade longe da cidade e de outras pessoas. O tio que o criou, tinha visões de êxtase, era um homem bizarro e acreditava ser um profeta. Quando o tio morreu, Tarwater foi à cidade para encontrar seus familiares. Lá, viu que não estava preparado para as tentações citadinas. Descobriu que não poderia usar passivamente os valores aprendidos. Ele tinha que representar. "Você não pode simplesmente dizer não", disse Tarwater. "Você tem que fazer não [...] Deve demonstrar que não fará alguma coisa, demonstrando outra."

Tiago, preocupado em que nossa fé seja vivida e não apenas professada, disse algo semelhante. Palavras faladas ou ouvidas — nunca são suficientes. Temos que agir, e obedecer. Se apenas ouvirmos as instruções de Deus e nunca realmente fizermos alguma coisa com elas, então estaremos nos enganando a nós mesmos (Tiago 1:22).

Para Tiago, a tolice não era ignorância (não conhecer a verdade), mas uma falha em ação (conhecer a verdade, mas não agir sobre ela). "Porque aquele que ouve a mensagem e não a põe em prática é como uma pessoa que olha no espelho e vê como é. Dá uma boa olhada, depois vai embora e logo esquece a sua aparência", escreveu ele (vv.23,24). Olhar para um espelho é inútil, a não ser que ajamos com base no que descobrimos olhando para nós. Da mesma forma, ouvir a Palavra de Deus é inútil se não agirmos sobre as verdades que recebemos.

É fácil aprender sobre os fatos. Sabemos que comer muitos sanduíches é ruim para a nossa saúde, e sabemos que a nossa incapacidade em perdoar é tóxica para nossa alma. O problema não é termos conhecimento destes fatos, no entanto, é a necessidade de fazer, de agir. —Winn Collier

leia>

Tiago 1:19-27

...não sejam apenas ouvintes dessa mensagem, mas a ponham em prática (v.22).

examine>

Analise o livro de Tiago 1:19-27. Quais verdades bíblicas ele nos mostra? Às quais atitudes concretas Tiago sugere que estas verdades devem levar?

considere>

Que verdades Deus revelou a você recentemente? O que você faz para responder e obedecê-las?

aplicação pessoal>

não dizer nada

A carne cozinhava enquanto eu organizava as cenouras, cebolas e batatas. Em seguida, despejei o caldo sobre elas. Ajeitei o alimento numa cesta com pães, salada de frutas e biscoitos para sobremesa. Levaria para uma família que tinha sofrido uma perda profundamente dolorosa. Meu coração estava pesado ao colocar tudo em meu carro. Ensaiei o que poderia dizer aos membros da família, mas nada parecia apropriado.

É difícil saber como confortar. Quando os filhos de Jó morreram e a riqueza e a saúde desapareceram, três de seus amigos tentaram aliviar sua tristeza. Para ampará-lo, eles fizeram "...uma visita para falar de como estavam tristes [...] e para consolá-lo" (2:11). Às vezes, apenas estar presente demonstra carinho pelas pessoas com o coração abatido.

A Bíblia nos ensina a sentir a dor dos que sofrem, a chorar "com os que choram" (Romanos 12:15). Os amigos de Jó se aproximaram dele chorando alto, e "...rasgaram as suas roupas e jogaram pó para o ar e sobre a cabeça. Em seguida sentaram-se no chão ao lado dele e ficaram ali sete dias e sete noites" (Jó 2:12,13). Estavam dispostos a permanecer ao lado de Jó em sua tristeza e "sentir o que ele sentia".

Enquanto choravam juntos "...não disseram nada, pois viam que Jó estava sofrendo muito" (v.13). Permanecer calado reduz a chance de dizermos algo errado, e os amigos mais tarde fizeram exatamente isso. As palavras deles foram tão perturbadoras que Jó exclamou: "O melhor consolo que vocês podem me dar é escutar com atenção as minhas palavras" (21:2). Ouvir as pessoas mostra que nos importamos.

Se você conhece alguém que está sofrendo, faça-lhe uma visita, participe de sua dor, e ouça quando ele estiver pronto para conversar. Deus pode usá-lo para abençoar os que choram, de modo que sejam consolados (Mateus 5:4). —Jennifer Benson Schuldt

leia>

Jó 2

...não disseram nada, pois viam que Jó estava sofrendo muito (v.13).

examine>

Leia o livro de 2 Coríntios 1:3,4 e veja como podemos usar nossas próprias experiências de sofrimento para consolar os outros. Veja no livro de Isaías 61:1-3 o que Deus sente por aqueles que choram.

considere>

O que pode impedi-lo de alcançar pessoas feridas? Quais são as maneiras que você pode comunicar o amor de Deus a um amigo que sofre?

aplicação pessoal>

notas>